LINDEMANN GROUP

Peter Schiessl

CorelDRAW X7

Schulungsbuch
mit Übungen

Symbole anders angeordnet?
Fenster-Arbeitsbereich-
Klassisch

Lindemann Group
PETER SCHIESSL

CorelDRAW X7

Schulungsbuch mit Übungen

ISBN 9781521120897
Lindemann Group
© Dipl.-Ing. (FH) Peter Schiessl
Fortnerstr. 8 • 80933 München
post@kamiprint.de
www.kamiprint.de
www.lindemann-beer.com

Inhaltsverzeichnis

5. Zoomen und Ansicht   35

6. Linien   39

PRÄZISES ZEICHNEN 45

7. Präzises Zeichnen   47

1. Grundlagen

In diesem Buch wird **CorelDRAW** systematisch und mit vielen Übungen vorgestellt. Damit Sie jedoch mit diesem leistungsfähigen Programm etwas anfangen können, müssen auch Sie einige Voraussetzungen mitbringen.

1.1 Ihre Kenntnisse

CorelDRAW wird in diesem Buch von Anfang an behandelt. Nicht jedoch allgemeine Computer- und **Windows-Grundkenntnisse**:

- ♦ Zum Zeichnen ist ein routinierter Umgang mit der **Maus** und der **Tastatur** erforderlich.

- ♦ Gezeichnet? Wohin speichern? Wie Sie eine **Datei** speichern, öffnen, umbenennen, kopieren, auf USB-Stick oder CD sichern können und wie **Ordner** erstellt werden, sollten Sie bereits wissen.

- ♦ Programme installieren geht einfach, aber auch die Festplatte zu durchsuchen oder die Bildschirmauflösung sowie beim Drucken den Drucker heller oder dunkler einzustellen, sollte kein Problem sein.

Alle diese Vorgänge, die zu den Computer-Grundkenntnissen gehören, sollten Sie beherrschen. Sonst ist es sinnvoller, wenn Sie zunächst einen Kurs über Computer-Grundkenntnisse oder über das Betriebssystem besuchen.

Sie ersparen sich dadurch Frustrationen und werden anschließend mehr Spaß mit den Corel-Programmen haben.

1.2 CorelDRAW und Photo-Paint

Wozu CorelDRAW, wozu Corel Photo-Paint? In der Praxis werden meist beide Programme benötigt.

- ♦ **Photo-Paint**, um Fotos zu bearbeiten. Fotos im Computer sind sogenannte Pixelbilder, da einfach für jeden Punkt die Farbe gespeichert wird.

- ♦ **CorelDRAW**, um diese Fotos mit Text und gezeichneten Grafikelementen zu kombinieren, damit z.B. eine Präsentationsfolie, ein Werbeblatt oder ein Plakat entsteht.

Diese Arbeitsteilung resultiert aus einem gewichtigen Unterschied zwischen den beiden Programmen, der im Folgenden erläutert wird.

9

1.3 Setup, Hinweise und Arbeitsbereich

- ◆ Corel-DVD einlegen und die Installation startet automatisch. Sie können auch von der Corel-Webseite www.corel.com eine Testversion herunterladen und installieren, die einen Monat benutzt werden kann.

- ◆ Bei der Standardinstallation werden alle Programmteile geladen, benutzerdefiniert für erfahrene Anwender erlaubt die manuelle Auswahl, welche Bestandteile installiert oder nicht installiert werden sollen.

- ◆ Sie können das Setup jederzeit erneut ausführen: entweder die Corel-DVD einlegen und warten, bis sich das Setup startet oder (Windows 8) Maus nach rechts oben, suchen nach: „deinstallieren", Programm deinstallieren, dann CorelDraw Grafics Suite deinstallieren/ändern.

  - ✎ Dann können Sie Corel-Bestandteile nachladen oder löschen oder auch das komplette Corel-Programmpaket deinstallieren.

Beim ersten Start oder später bei Fenster ist eine Voreinstellung für den **Arbeitsbereich** zu wählen: **Lite**, **Klassisch**, **Erweitert** oder **Andere**. Je nach Wahl sind die Symbole und Befehle etwas anders angeordnet.

- ◆ Wir verwenden im Folgenden den Arbeitsbereich **Klassisch**.

- ◆ Klassisch wäre für Umsteiger, die alles so wie bei früheren Versionen wünschen, Erweitert wäre für Illustrationen und andere wie in Adobe Illustrator.

(Seitenrand, vertikal: Symbole anders angeordnet? Fenster-Arbeitsbereich-Klassisch)

1.4 Die Corel-Familie (Auswahl)

Bei Corel bekommen Sie ein Programmpaket. Die wichtigen Bestandteile werden hier kurz vorgestellt, die anderen Programme sind selten erforderlich.

Die Hauptbestandteile:

- ◆ **CorelDRAW** ist das vektororientierte Grafikprogramm für Präsentationen, Werbeblätter, Plakate, Visitenkarten usw.

  - ✎ Einige Funktionen aus Corel PHOTO-PAINT zur Bildbearbeitung sind in CorelDRAW integriert, so dass ein Wechsel zu PHOTO-PAINT oft nicht erforderlich ist.

- ◆ **Corel PHOTO-PAINT** dient zur Bearbeitung Fotos. Fotos im Computer werden beim Scannen oder von einem digitalen Fotoapparat Punkt für Punkt gespeichert (Pixel (engl.) = Bildpunkt).

Nach der Installation finden Sie auf dem Desktop die Symbole:

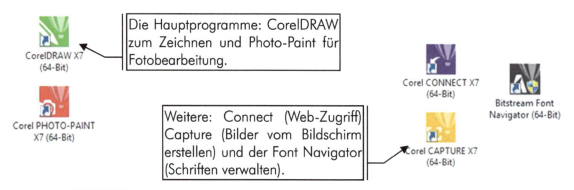

CorelDRAW X7 (64-Bit)

Die Hauptprogramme: CorelDRAW zum Zeichnen und Photo-Paint für Fotobearbeitung.

Corel PHOTO-PAINT X7 (64-Bit)

Corel CONNECT X7 (64-Bit)

Bitstream Font Navigator (64-Bit)

Weitere: Connect (Web-Zugriff) Capture (Bilder vom Bildschirm erstellen) und der Font Navigator (Schriften verwalten).

Corel CAPTURE X7 (64-Bit)

Dienstprogramme:

- **Corel CAPTURE** dient dazu, Fotos vom Computerbildschirm (z.B. von einem Menü) zu erstellen (z.B. die Abbildungen in diesem Buch).

- **Corel CONNECT** ist ähnlich dem Windows Explorer ein Hilfsprogramm, das Dateien und Ordner darstellt, wobei die Corel-Ordner, z.B. ClipArts, separat aufgelistet werden und zusätzlich in online-Fotobibliotheken nach Bildern gesucht werden kann, z.B. Flickr.

- Mit dem Befehl „Corel-**Barcode Wizard**" können Sie Barcodes (EAN, ISBN usw.) selbst erstellen.

Diese Programme können Sie über Start-Alle Programme-CorelDRAW Grafics Suite X6 oder aus dem CorelDRAW mit diesem Symbol (oben rechts) starten:

▦	Corel BARCODE WIZARD
◣	CorelDRAW
◉	Corel PHOTO-PAINT
◈	Corel CAPTURE
▣	Corel CONNECT

1.4.1 Die Schriften

- **Bitstream Font Navigator** ist ein Verwaltungsprogramm für Schriften. Gegenüber dem Windows-Programm bietet es folgende Vorteile:

  ✍ es wird sofort eine Vorschau zu der gewählten Schrift angezeigt,

  ✍ es werden rechts die installierten und links die verfügbaren, aber noch nicht installierten, Schriften angezeigt.

  ✍ Schriften können nach Stil angezeigt (Ansicht-Schriften nach Stil) und zu Gruppen zusammengefasst werden (Datei-Neue Schriftgruppe).

- Weitere Schriften sind auf der DVD zu finden, nach fonts oder *.ttf suchen.

  ✍ Außerdem sind zahlreiche **Sonderzeichen-Schriften** und Schriften anderer Sprachen (Arabisch, Chinesisch usw.) vorhanden.

- Weitere Schriften können Sie mit dem Corel Font Navigator, dem Windows Explorer oder dem **Schriften-Manager** von Windows aus der Systemsteuerung jederzeit nachladen. Aus dem Schriften-Manager von Windows:

  ✍ Diesen mit Start-Systemsteuerung-Darstellung und Anpassung-Schriftarten starten,

  ✍ dann den Ordner mit der neuen, zu installierenden Schriftart wählen und auf dieser die rechte Maustaste installieren.

- Zusätzliche Schriften können von MyFonts.com käuflich erworben werden, zu öffnen über den Bitstream Font Navigator.

Sie sollten nicht unnötig viele Schriften installieren, da diese ständig Arbeitsspeicher beanspruchen.

11

1.5 Die ClipArts

♦ Die zahlreichen **ClipArts** finden Sie auf der DVD oder im Connect:

   ↳ Bei den heutigen Festplattengrößen bietet es sich an, die ClipArts und Fotos auf die Festplatte zu kopieren, damit schnellerer Zugriff ohne Einlegen der DVD möglich ist.

   ↳ Die Vorschau zur Auswahl ist aus dem Windows Explorer ebenso wie aus CorelCONNECT möglich.

   ↳ Ein angezeigtes Bild kann mit gedrückter linker Maustaste aus dem Windows Explorer in eine CorelDRAW-Zeichnung gezogen werden (drag and drop).

   ↳ Der Windows Explorer kann auch für andere Bildersammlungen benutzt werden, indem Sie das entsprechende Laufwerk oder den Ordner auswählen.

1.6 Vorüberlegungen

Erst überlegen, dann einschalten!

1.6.1 Die Kunden

Jede Arbeit muss zu dem Kunden passen. Darum sollten Sie sich zuerst Gedanken über Ihre Zielgruppe machen.

Einige Anregungen:

♦ Werbung für ein Musikgeschäft oder ein Autohaus?

♦ Geburtstagsparty für die 4 oder 14 Jahre alte Tochter oder Weihnachtsfeier in der Firma?

Allgemein gilt: je jüngere Kunden, umso bunteres, modischeres Design.

Welche Qualitätsansprüche sind für den Ausdruck erforderlich?

♦ Eine private Geburtstagseinladung oder ein Entwurf für einen Reiseprospekt in höchster Druckqualität?

   ↳ Reicht der eigene Farbdrucker oder muss die Datei in die Druckerei gegeben werden?

Sie werden bemerken, dass der **Ausdruck** zu einem Problem wird. Gute Tintenstrahl-Farbdrucker reichen auch heute noch nicht für geschäftliche Werbung und auch mit einem Farblaserausdruck ist bei hochglanzverwöhnten Kunden kein Eindruck zu machen.

1.6.2 Erste Entwürfe

Skizzen sind auf Papier schneller anzufertigen.

Dann stellt sich die Frage, ob das Vektorzeichenprogramm **CorelDRAW** oder das Pixelmalprogramm **Corel PHOTO-PAINT** für diese Aufgabe besser geeignet ist oder ob beide benötigt werden.

1.6.3 Der Druck

Je perfekter der Ausdruck, umso mehr fallen kleinste Ungenauigkeiten auf. Für den Ausdruck auf einem schlechten Tintenstrahldrucker lassen sich vielleicht Elemente per Augenmaß hinschieben, für perfekte Druckergebnisse ist jedoch unbedingt von vornherein exakt zu zeichnen:

- ♦ **Gitterweite** einstellen und für genaues Zeichnen „Ausrichten an Gitter und Hilfslinien" einschalten.

- ♦ **Hilfslinien** setzen, als Randbegrenzungen und um Objekte präzise auszurichten.

Für professionelle Ergebnisse sollte eine Druckerei beauftragt werden.

1.6.4 Weitergabe

Dabei sollten Sie folgendes bedenken:

- ♦ **Umwandlungsprobleme**:
  - ✎ sollte die Druckerei nicht ebenfalls über Corel verfügen, so kann zwar im Corel mit **Datei-Speichern unter** oder **Exportieren** (Symbol) in ein anderes Format umgewandelt werden, doch ist dabei mit Umwandlungsfehlern zu rechnen.

- ♦ **Dateigröße**: bei Fotos guter Qualität kann ein Projekt riesengroß werden. Dann ist zum Transport in die Druckerei ein leistungsfähiges und kompatibles Speichermedium gefragt.
  - ✎ Hierfür sind selbst gebrannte CDs oder DVDs oder USB-Sticks ideal.
  - ✎ Brennen Sie auf diese Datenträger auch die verwendeten Schriften und Bilder sowie andere verwendete Elemente, damit die Druckerei ggf. das Projekt nachbearbeiten kann.

- ♦ **Schriften und Farben**:
  - ✎ Wenn die Schrift absolut wie geplant aussehen soll, dann der Druckerei mitteilen, welche Schriften verwendet wurden und diese ebenfalls mitgeben.

    Druck

  - ✎ Die Windows ttf-Schriften sind auf verschiedenen Rechnern, auch bei gleichem Schriftnamen, nicht immer hundertprozentig gleich, je nachdem, aus welcher Quelle diese stammen.
  - ✎ Wenn **Farben** absolut wie geplant gedruckt und auch später reproduzierbar sein sollen, die genormten **Farbpaletten** (z.B. Pantone) verwenden und ebenfalls angeben, z.B. auf einem Extrablatt.

Viele Probleme werden erst in der Endstufe bei Druckprofis sichtbar. Dann kann es Zeit sparen, wenn bei der Druckerei alle verwendeten Elemente vorhanden sind. Auf jeden Fall sollten Sie frühzeitig mit der Druckerei über Ihr Vorhaben sprechen, wenn möglich mit Beispielausdrucken, und auch, wie die Daten zur Druckerei gelangen.

Vergleichen Sie Ihre Arbeiten mit denen der Profis. Diese flattern Ihnen kostenlos ins Haus, denn die bestbezahlten Grafikprofis sitzen in den Werbeabteilungen.

Während der Arbeit frühzeitig und oft **speichern** und Sicherungskopien auf separaten Speichermedien erstellen.

13

2. Vektor oder Pixel?

CorelDRAW ist ein **Vektor**-Zeichenprogramm, während Corel PHOTO-PAINT die Bilder als **Pixel-**Grafiken speichert.

2.1 Vektor-Zeichnungen

Gezeichnete Elemente (Linien, Kreise, Rechtecke …) werden als mathematische Funktionen (**Vektoren**) gespeichert: Linie von Punkt x_1,y_1 nach x_2,y_2 mit Liniendicke z und Linienfarbe u.

Bei einer Linie wird folglich die Koordinate des Anfangs- und des Endpunktes vermerkt, zusätzlich die Liniendicke -farbe und -art.

- ◆ Aus diesem Grund kann jedes gezeichnete Element nachträglich in der Größe geändert oder verschoben werden.
- ◆ Selbst bei enormer Vergrößerung bleiben die Linien immer scharf.

Neben **CorelDRAW** gibt es zahlreiche andere vektororientierte Zeichenprogramme, daher auch einige unterschiedliche **Dateiendungen**, die von diesen Programmen verwendet werden.

Natürlich sind alle CAD-Programme ebenfalls

Vektor-Programme (Computer Aided Design = Computerunterstütztes Zeichnen, Programme für technisches Zeichnen).

2.2 Pixel-Bilder

Ähnlich wie bei dem Bildschirm wird ein Bild aus vielen Punkten zusammengesetzt. Zu jedem dieser **Punkte (=Pixel)** wird die Farbe gespeichert. Ihr Bildschirm könnte das Bild je nach Einstellung z.B. aus 1920 horizontalen und 1080 vertikalen Punkten aufbauen (=HD-Auflösung).

Daraus erklärt sich, dass Bilddateien ziemlich groß werden und folgendes Problem entsteht: **kleine Datei – schlechte Bildqualität** oder **gute Bildqualität – große Datei**.

Werden Pixelbilder schlechter Qualität vergrößert, treten die Punkte deutlich hervor. Anstatt gerader Linien sind Treppenstufen wie auf alten Nadeldruckern erkennbar.

15

Übersicht Pixel-Grafiken

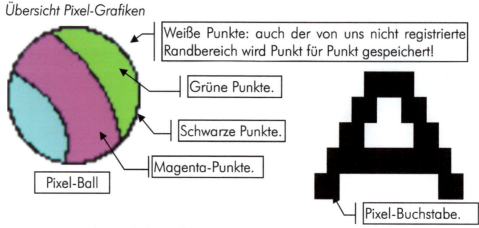

Komprimieren (vereinfachte Erklärung):

- ◆ Wenn Fotos großen Flächen mit geringen Farbdifferenzen aufweisen, etwa blauer Himmel, ist eine hohe Komprimierung möglich:
  - ✍ Hier kann mit der Komprimierungsfunktion die Dateigröße vermindert werden: anstatt AAABBBBBCCCC kann eine Formel dies kürzer als „3A5B4C" speichern.
  - ✍ Zusätzlich werden weitere Methoden angewandt, z.B. eine Reduzierung der Details und Farbunterschiede und eine Aufteilung in Blöcke mit je 8x8 Punkten.
- ◆ Geringe Nachteile:
  - ✍ bei jedem Laden oder Speichern muss der Computer die Komprimierung berechnen und
  - ✍ ein geringer Qualitätsverlust entsteht, da das Originalbild leicht verändert wird. Dieser Qualitätsunterschied fällt jedoch erst bei höheren Komprimierungsraten über 20:1 auf.

Die beste Komprimierung erreicht das **jpg**-Dateiformat, welches darum sich zum Standardformat für Fotos entwickelt hat. Im PHOTO-PAINT Datei-Speichern unter und als Dateityp jpg wählen.

`jpg`

2.3 Im Vergleich

Aus den Unterschieden der beiden Formate erklären sich die Vor- und Nachteile.

Vorteile von Vektorgrafiken (CorelDRAW):

- ◆ kleine Dateien mit scharfen, präzisen Linien und Kanten,
- ◆ Objekte (z.B. Rechteck, Kreis) können beliebig verändert werden,
- ◆ Spezialeffekte sind möglich, z.B. Schatten zu einem Text ergänzen.

Wofür dann überhaupt noch Pixel-Grafiken (Photo-Paint)?

- ◆ Pixel-Grafiken sind ein unumgängliches Übel, weil jeder **Scanner** ein Bild Zeile für Zeile, Punkt für Punkt abtastet und dabei die Farbe eines jeden Punktes speichert.
  - ✍ Auch ein digitaler Fotoapparat speichert das Bild Punkt für Punkt, z.B. aus 10 Millionen Punkten pro Bild.
  - ✍ Somit sind alle Fotos im Computer Pixelbilder.

- Ein anderer Anwendungsfall für ein Pixel-Programm ist das **Malen** wie mit Pinsel und Farbe auf eine Leinwand. Viele Werbegrafiken benutzen diesen Effekt z.B. für Pseudo-Kinderbilder.

Malen wie mit Pinsel und Farbe auf Leinwand

geht in Corel Photo-Paint: alles wird übermalt, weshalb sich wie in der Natur der vorherige Zustand nicht immer wieder-herstellen lässt.

Die Grenze zu CorelDRAW verläuft hier jedoch fließend. Detailliertes Malen bis Zeichnen, z.B. ein winterliches Haus mit Schnee auf dem Dach und rauchendem Schornstein, ist in CorelDRAW bereits sinnvoller, weil jederzeit korrigiert und geändert werden kann und weil z.B. ein Fenster nur einmal gezeichnet, dann beliebig oft kopiert wird.

2.4 Arbeitsteilung in der Praxis

- Zuerst die Bilder oder Fotos in **PHOTO-PAINT** aufbereiten:
  - ✎ Bilder scannen oder nachbearbeiten (Objekte herausschneiden, Helligkeit korrigieren usw.),
- dann die Präsentation in **CorelDRAW** fertig stellen:
  - ✎ Bilder laden, Text und eigene Zeichnungselemente ergänzen.
- Betrachten Sie Werbeprospekte: dort sind Fotos (Photo-Paint) mit anderem Hintergrund und Text kombiniert (CorelDRAW).

Wofür **CorelDRAW**	Wofür **PHOTO-PAINT** (Pixel)
Präsentationen	Bilder scannen und nachbearbeiten (z.B. Helligkeit korrigieren, Ränder wegschneiden …).
Werbeblätter	Fotos bearbeiten (z.B. einen Bildausschnitt erstellen).
Titelblätter	Bilder, ClipArts in Pixelformaten malen oder bearbeiten.
Malen (detailliert)	Malen (wie von Hand, grob, „einfache Kinderbilder").
Zeichnungen	**Objekte** aus Fotos herausschneiden (freistellen), z.B.
Visitenkarten usw.	eine Person. Dieses Objekt kann in andere Dateien oder Fotos eingefügt werden.

Im PHOTO-PAINT nach Möglichkeit keinen Text ergänzen, da auch Text in Pixelmuster umgewandelt wird und nachträglich schlecht verändert werden kann. Besser im PHOTO-PAINT nur reine Fotos bearbeiten und Texte erst im CorelDRAW hinzufügen.

Doch auch CorelDRAW ist nicht für **Textverarbeitung** in großem Umfang ausgelegt. Bei sehr viel Text die Bilder in Photo-Paint, die Grafikelemente in CorelDRAW vorbereiten und in einem modernen Textverarbeitungsprogramm importieren und mit Text zusammenstellen (Layout). Wenn im Corel gezeichnete Grafikelemente in das **wmf**- oder **emf**-Format exportiert werden, lassen sich diese problemlos in alle Microsoft-Programme einfügen.

17

2.5 Die Dateitypen

2.5.1 Theorie Dateiendung

Es gibt sehr viele verschiedene Zeichen- und Malprogramme. Jedes dieser Programme verwendet eine spezifische Dateiendung. Warum?

♦ Der **Dateiname** kann ab Windows 95 bis zu 255 Buchstaben lang sein. Selbst Leertasten und übliche Sonderzeichen dürfen verwendet werden, jedoch kein „\" (Backslash, trennt Ordner).

♦ Die **Dateiendung** besteht meist aus drei oder vier Buchstaben, vom Dateinamen durch einen Punkt getrennt.

    ↳ Zusätzlich wird ein Symbol für jeden Dateityp und ein erläuternder Text, z.B. „Dateityp CorelDRAW Grafik", angezeigt.

    ↳ **Dateiendungen** zeigen also an, mit welchem Programm eine Datei erstellt wurde.

♦ Zur Veranschaulichung:

    ↳ Dateiname.**cdr** (cdr als **Dateiendung** für CorelDRAW).

.
*.cdr
*.cpt

2.5.2 Dateiendungen anzeigen

Es ist also praktisch, die Dateiendungen zu sehen. Leider werden seit Windows 95 die Dateiendungen nicht mehr angezeigt. Wie Sie das ändern können, finden Sie in unseren Windows-Büchern beschrieben. Eine Kurzanleitung für Windows 8:

♦ Maus ins rechte obere Eck, dann Einstellungen-Systemsteuerung-Darstellung und Anpassung-Ordneroptionen, dort auf der Karteikarte Ansicht die Optionen „Erweiterungen bei bekannten Dateitypen ausblenden" abschalten.

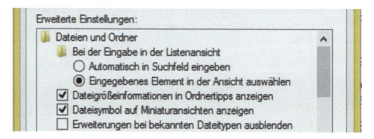

2.5.3 Dateitypen umwandeln

In der Regel können Dateien nur in dem Ursprungsprogramm weiter bearbeitet werden. Nicht jedoch bei guten Grafikprogrammen: in Corel kann praktisch jede Bild- oder Grafikdatei **importiert** werden.

♦ Bei der Standardinstallation werden nicht alle **Import- und Exportfilter** geladen! Ggf. nachinstallieren. Hierfür das Corel Setup erneut starten (siehe S. 10) und die gewünschten Dateiformate nachladen.

♦ **ClipArts** und andere Vektor-Dateien sollten nie in PHOTO-PAINT geöffnet werden, da dies durch die Umwandlung in das Pixelformat einen Qualitätsverlust bedeutet!

PHOTO-PAINT ist nur für Fotos (=Pixelbilder),
CorelDRAW für Vektor-Zeichnungen!

2.5.4 Beispiele Dateiendung

Eine gewisse Kenntnis der Dateiendungen ist nützlich, um die Dateitypen zu erkennen:

Dateiendungen für Vektorgrafiken (Zeichnungen, Grafiken)	
cdr	CorelDRAW-Zeichnung.
ai	Adobe Illustrator-Datei.
eps	Encapsulated Postscript: ein Standardformat für Vektorgrafiken, ursprünglich Druckersprache von Adobe.
dwg	AutoCAD-Zeichnung (Abkürzung von Drawing).
wmf	Windows Metafile: ein von Microsoft verwendetes Format, daher z.B. in Word problemlos verwendbar, ebenso **emf** (enhanced metafile).

Auch die beigegebenen ClipArts sind wie die CorelDRAW-Zeichnungen im cdr-Format gespeichert und könnten daher auch umgezeichnet werden.

Dateiendungen für Pixel-Grafiken (Fotos, gemalte Bilder)	
cpt	**Corel Photo-Paint**-Bild
pcx	Früher waren viele ClipArts in diesem Format gespeichert. Durch Paintbrush ehemals große Verbreitung.
bmp	Bitmap: Windows-Hintergrundbilder waren früher in diesem Format gespeichert. Heute selten, da ohne Komprimierung!
tif	Target Image File: früher Standard-Format für gescannte Bilder.
gif	Grafik Image File: Gute Komprimierung, daher empfehlenswert für Pixel-Grafiken, aber max. 256 Farben, zu wenig für Fotos.
png	Portable Network Graphic: mit verlustfreier Komprimierung
pcd	Kodak-Foto-CD-Bilder: hervorragende Bildqualität, dementsprechend große Dateien. Beim Kopieren auf die Festplatte kann das Bild der gewünschten Qualität entsprechend verkleinert werden.
jpg	Sehr gute Komprimierung, daher sehr zu empfehlen, besonders, wenn ein zu großes Bild auf eine Diskette kopiert werden soll oder für das Internet. Inzwischen das Standardformat für digitale Fotos, auch jeder digitale Fotoapparat speichert in diesem Format, meist mit sehr hoher Komprimierung.
Jp2	JPEG2000 ist der Nachfolger von jpg. Die Komprimierung von jpg wurde noch verbessert und es können zusätzliche Informationen mitgespeichert werden, z.B. Aufnahmedatum und Aufnahmeeinstellungen, was für digitale Fotoapparate nützlich sein kann.
raw	Ohne Komprimierung = ohne Qualitätsverlust, von Profis verwendet.

Im **Internet** sind die Übertragungszeiten das Problem, weshalb Bilder möglichst klein sein sollen: für Internet-Bilder **jpg** für Fotos, **gif** für gezeichnete Elemente verwenden.

2.6 Das Fenster „Hinweise"

Praktisch und hilfreich ist das seit Corel X3 neu hinzugekommene **Fenster „Hinweise"**, das rechts eingeblendet wird.

Dort finden Sie Informationen und Anleitungen zu dem gerade gewählten Werkzeug und können mit den unten eingeblendeten Hyperlinks gründlichere Hilfetexte nachlesen.

Mit dem **X**-Symbol können Sie dieses Fenster schließen, mit dem Befehl **Fenster-Andockfenster-Hinweise** wieder öffnen.

Solange keine Zeichnung begonnen oder geöffnet wurde, kann jedoch nichts angeklickt werden. Also beginnen wir die erste Zeichnung (s. nächstes Kapitel).

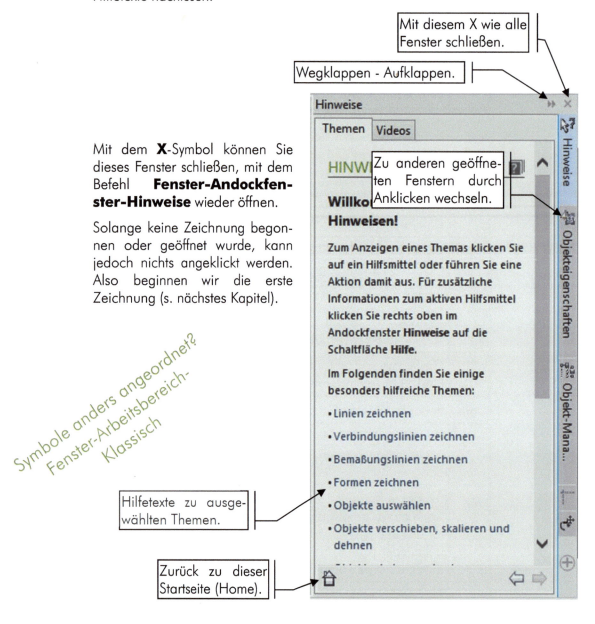

Mit diesem X wie alle Fenster schließen.

Wegklappen - Aufklappen.

Zu anderen geöffneten Fenstern durch Anklicken wechseln.

Hilfetexte zu ausgewählten Themen.

Zurück zu dieser Startseite (Home).

Symbole anders angeordnet? Fenster-Arbeitsbereich-Klassisch

20

Erster Teil

Zeichnen

mit Rechtecken, Ellipsen, Linien, Farben

———————————

Symbole anders angeordnet?
Fenster-Arbeitsbereich-
Klassisch

3. Erste Schritte

3.1 Corel starten

Starten Sie CorelDRAW über das Startsymbol auf dem Desktop:

> ➢ Wenn Sie dieses nicht finden, bei Windows 8 Maus ins rechte obere Eck, dann „Suchen" und Corel eintragen. Der Starteintrag sollte gefunden werden, mit „Speicherort öffnen" können Sie sich auch anzeigen lassen, wo sich dieser befindet.

CorelDRAW empfängt Sie mit diesem Willkommen-Bildschirm:

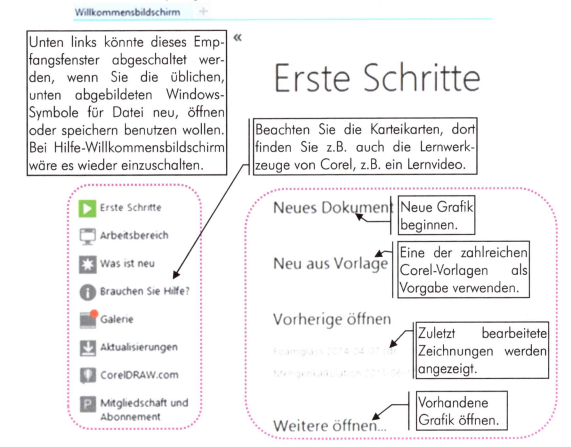

Beginnen wir die erste Zeichnung:

> ➢ Wählen Sie auf einem der beschriebenen Wege eine **neue Grafik**.

> > ↳ Ohne den obigen Willkommen-Bildschirm geht dies wie in jedem anderen Programm mit den Symbolen oben links (neu / öffnen).

> ➢ Das erscheinende Fenster zur Vorauswahl können Sie zunächst einfach mit OK bestätigen.

23

3.2 Die Zeichenfunktionen im Überblick

Bevor wir Schritt für Schritt das Zeichnen beginnen, folgt hier zunächst eine Übersicht über die **Zeichenwerkzeuge** von Corel. Diese befinden sich in der **Hilfsmittelpalette** am linken Rand:

Symbole anders angeordnet?
Fenster-Arbeitsbereich-
Klassisch

Form: Kurvenpunkte bearbeiten.

Zoomen zum Vergrößern oder Verkleinern.

Die intelligente Füllung kann Schnittbereiche füllen.

Kreise oder Ellipsen.

Text schreiben oder **Tabelle** einfügen.

Bemaßung

Verbindung herstellen (Figuren schließen).

Pipette: Füllungen und Farben aus der Zeichnung aufnehmen.
Bei der **interaktiven Füllung** wird alles mit der Maus eingestellt.
Umrißstift: Linien einstellen.
Füllung bearbeiten: die Füllung individuell einstellen.

Auswahlpfeil: hiermit Elemente markieren, Größe ändern usw.

Ränder bei einem Foto abschneiden.

Stift (Freihand) zum Malen oder Zeichnen, auch spezielle Stifte sind hier verborgen.

Rechtecke zeichnen.

Vielecke, Spiralen oder ein Gitter zeichnen oder Fertige **Formen**: Pfeile, Herz usw. (wie die **AutoFormen** in MS Word).

Hier sind die Effekte (Schatten, Überblendung, Kontur...) zusammengefasst.

Transparenzeffekte

Bei allen Funktionen mit kleinem Dreieck klappen weitere **Menüs** auf, sobald Sie mit der Maus darauf klicken.

Beachten Sie:

♦ Wenn Sie die Maus auf einem Symbol kurze Zeit ruhen lassen, werden **Name** und Kurzbeschreibung zu der Funktion gemeldet. Sehr praktisch zur Orientierung und zur Suche eines passenden Symbols.

♦ Rechts im **Hinweis-Fenster** wird eine Beschreibung zu der aktuell gewählten Funktion angezeigt.

♦ Wenn Sie etwas **zeichnen** wollen, zuerst die entsprechende Funktion auswählen (Rechteck, Linie usw.)!

♦ Wenn Sie etwas **ändern** oder einstellen wollen, zuerst mit dem **Auswahlpfeil** das betreffende Objekt markierten.

⇨ Gerade Anfänger vergessen oft, auf das **Auswahlwerkzeug** umzuschalten und zeichnen deshalb viele neue Miniobjekte.

⇨ Wenn Sie unbeabsichtigt etwas gezeichnet haben, sofort mit **Rückgängig** rückgängig machen oder mit der **[Entf]-Taste** löschen.

Versehentlich gezeichnete Miniobjekte erschweren die Auswahl anderer Objekte und sind oft erst beim Ausdruck als Fehler erkennbar!

24

3.3 Rechteck ändern, verschieben, löschen

Ein Rechteck eignet sich am besten, um viele Zeichenfunktionen am einfachsten zu erklären. Nach dem Zeichnen sind in der Regel alle Elemente erst an die richtige Stelle zu schieben und auf die richtige Größe anzupassen.

Probieren Sie es aus:

> ➤ **Rechteck-Werkzeug** wählen, dann mit gedrückter Maustaste ein Rechteck zeichnen.

> ➤ Sofort zum **Auswahlpfeil** umschalten, damit nicht versehentlich neue Rechtecke gezeichnet werden.

Die **Anfasserpunkte** erscheinen. Wenn die Anfasserpunkte sichtbar sind, ist das Rechteck markiert und Sie können das Rechteck positionieren:

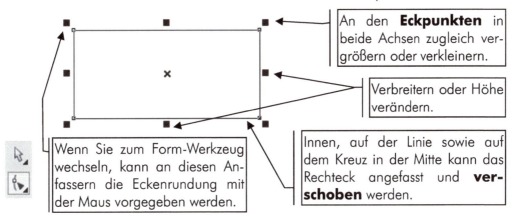

An den **Eckpunkten** in beide Achsen zugleich vergrößern oder verkleinern.

Verbreitern oder Höhe verändern.

Wenn Sie zum Form-Werkzeug wechseln, kann an diesen Anfassern die Eckenrundung mit der Maus vorgegeben werden.

Innen, auf der Linie sowie auf dem Kreuz in der Mitte kann das Rechteck angefasst und **verschoben** werden.

> ➤ **Verbreitern** Sie das Rechteck nach rechts.

> ➤ **Verschieben** Sie das Rechteck.

> ➤ **Vergrößern** Sie das Rechteck in beide Achsen an einem Eckpunkt.

> ➤ **Löschen** Sie das Rechteck: markierte Elemente können mit der [Entf]-Taste gelöscht werden.

Zum Bearbeiten gilt immer:

♦ Element anklicken, damit die **Anfasserpunkte** erscheinen.

    ✍ jetzt können Sie an den Anfasserpunkten die Größe ändern oder

    ✍ auf dem Element anfassen und verschieben oder

    ✍ das ausgewählte Teil mit [Entf] löschen.

3.4 Rechteck drehen oder verzerren

Corel bietet noch weitere äußerst nützliche und dabei sehr einfach zu bedienende Funktionen, z.B. um aus einem Rechteck ein Parallelogramm zu machen oder es zu drehen.

♦ Mit dem Auswahlwerkzeug **das erste Mal** Objekt anklicken:

    ✍ die **Anfasserpunkte** erscheinen, an denen die Größe geändert werden kann.

♦ **noch einmal** auf das Objekt klicken:

    ✍ **Pfeile** erscheinen. Mit den Pfeilen an den Ecken können Sie **drehen**, mit denen in der Mitte parallel verschieben.

25

➢ Zeichnen Sie ein neues **Rechteck**:

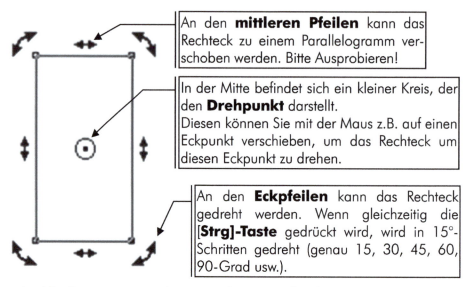

An den **mittleren Pfeilen** kann das Rechteck zu einem Parallelogramm verschoben werden. Bitte Ausprobieren!

In der Mitte befindet sich ein kleiner Kreis, der den **Drehpunkt** darstellt.
Diesen können Sie mit der Maus z.B. auf einen Eckpunkt verschieben, um das Rechteck um diesen Eckpunkt zu drehen.

An den **Eckpfeilen** kann das Rechteck gedreht werden. Wenn gleichzeitig die **[Strg]-Taste** gedrückt wird, wird in 15°-Schritten gedreht (genau 15, 30, 45, 60, 90-Grad usw.).

➢ Alle Optionen ausprobieren, ggf. neue Rechtecke zeichnen.
➢ Löschen Sie alle Rechtecke.

3.4.1 Auswahl

Manche Symbole wie das Rechteck haben unten rechts ein **kleines Drei-eck**. Dann kann mit gedrückter Maustaste ein Auswahlmenü aufgeklappt werden. Bei dem Rechteck können Sie hier ein Rechteck durch drei Punkte vorgeben, wobei mit gedrückter Maustaste zuerst die ersten Linien des Rechtecks (die ersten beiden Punkte) zu zeichnen sind.

3.5 Verschieben und Kopieren

Zeichnungen sind arbeitsaufwendig. Wenn Sie z.B. ein Rad für ein Auto kunstvoll gezeichnet haben, werden Sie dieses kopieren und nicht neu zeichnen wollen.

Das Kopieren geht im Corel sehr einfach mit einem kleinen Trick:

➢ Zeichnen Sie wieder ein **Rechteck**.

Immer mit dem Auswahlwerkzeug:

♦ Linke Maustaste auf dem Rechteck gedrückt halten, und Sie können das Rechteck **verschieben**.

♦ Linke Maustaste gedrückt halten, Rechteck genauso verschieben,

Kopieren

↳ aber zusätzlich unterwegs die rechte Maustaste gedrückt halten, die linke zuerst loslassen und das Rechteck wird **kopiert**!

↳ Wenn Sie die **linke Maustaste gedrückt halten**, haben Sie genügend Zeit, um das kopierte Rechteck ganz gemütlich an die gewünschte Position zu schieben.

➢ Erstellen Sie folgende Objekte durch **Kopieren** mit der rechten Maustaste.

   ↳ Wenn Sie dabei die **[Strg]-Taste** gedrückt halten, können Sie die Rechtecke genau waagerecht oder senkrecht anordnen.

Kopieren mit der rechten Maustaste geht viel leichter als der normale Weg.

♦ **Objekt markieren**, dann **Bearbeiten-Kopieren**, das Objekt ist im Arbeitsspeicher, danach mit **Bearbeiten-Einfügen** eine oder mehrere Kopien erstellen oder

♦ die **Symbole** verwenden:

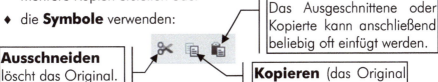

Das Ausgeschnittene oder Kopierte kann anschließend beliebig oft einfügt werden.

Ausschneiden löscht das Original.

Kopieren (das Original bleibt erhalten).

Eine weitere Möglichkeit bieten die Tastaturabkürzungen (Shortcuts):

♦ **[Strg]-X, C, V** für Ausschneiden, Kopieren (Copy) oder Einfügen.

   ↳ **C** für Copy ist leicht zu merken, die anderen Tasten liegen daneben. Sonst können Sie im Menü Bearbeiten nachschauen.

[Strg]-X, C, V
[Strg]-D

♦ Mit **[Strg]-D** oder dem Befehl Bearbeiten-Duplizieren wird eine Kopie leicht versetzt eingefügt. Beim ersten Mal erscheint ein Fenster, in dem der Einfügeabstand festgelegt werden kann.

➢ Zum Abschluss können Sie die Rechtecke wie zuvor erläutert parallel verschieben und drehen:

3.6 Die Eigenschaftsleiste

Beachten Sie die **Eigenschaftsleiste**, in der je nach gewähltem Objekt die am häufigsten benötigten Einstellungen angezeigt werden, bei einem Rechteck z.B. die **Position** und **Größe** oder die **Eckenrundung**.

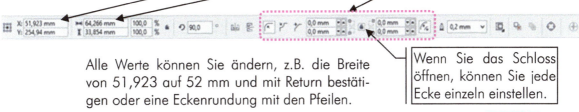

Alle Werte können Sie ändern, z.B. die Breite von 51,923 auf 52 mm und mit Return bestätigen oder eine Eckenrundung mit den Pfeilen.

Wenn Sie das Schloss öffnen, können Sie jede Ecke einzeln einstellen.

27

3.7 Speichern

Unsere erste Übungszeichnung sollte nun gespeichert werden.

[Strg]-S

> Wählen Sie das Symbol für Speichern.

Wenn Sie nicht schon einen **Ordner** für die Übungszeichnungen haben, so erstellen wir einen. Das geht direkt in dem Datei-Speichern-Fenster, wenn Sie dieses Fenster durch Klicken auf „Ordner durchsuchen" erweitern:

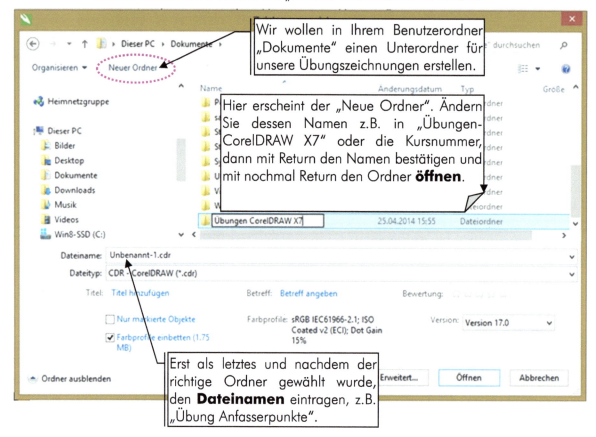

Die **Dateiendung cdr** wird von Corel ergänzt. Die **Dateiendung** wird bei Windows standardmäßig nicht angezeigt. Grafikprofis sollten dies, wie in unserem Windows-Buch beschrieben, ändern, denn anhand der Dateiendungen kann mit etwas Übung sehr einfach erkannt werden, aus welchem Grafik- oder Fotoprogramm eine Datei stammt.

Vor jedem Speichern die beiden wichtigen Einstellungen kontrollieren:

1. Ist oben wirklich der richtige **Ordner** ausgewählt?
2. Passt unten der **Dateiname**?
   ✎ Am besten keine Dateiendung und keinen Punkt eintragen, dann ergänzt Corel die Endung cdr automatisch,
   ✎ oder die Endung richtig stehen lassen: Dateiname.cdr

cdr von
CorelDRAW

Nach dem Speichern wird der neue Dateiname inklusive dessen Ordner ganz oben im Balken vom CorelDRAW angezeigt.

CorelDRAW X7 - C:\Users\webma_000\Documents\Übungen CorelDRAW X7\Übung Anfasserpunkte.cdr

28

4. Ellipsen, Auswählen, Farben

4.1 Der CorelDRAW-Aufbau

Oben finden Sie das Befehlsmenü Datei…, ausgewählte Befehle als Symbole in der Symbolleiste und die Eigenschaftsleiste.

Die **Befehle**, einsortiert in Gruppen:
- unter Datei alle Befehle, welche die Datei betreffen: Speichern, Öffnen usw.,
- bei Bearbeiten Rückgängig, Kopieren usw.

Corel-Fenster verkleinern, Voll-bild/kleines Bild, schließen.

Die am häufigsten benötigten Befehle sind noch einmal als **Symbole** dargestellt: Datei neu, öffnen, speichern, drucken …

Die Eigenschaftsleiste zeigt passende Einstellmöglichkeiten zu dem ausgewählten Objekt an.

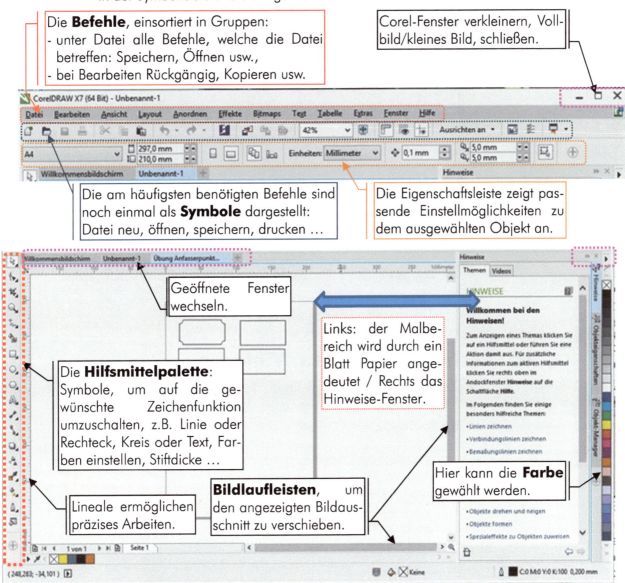

Geöffnete Fenster wechseln.

Links: der Malbe-reich wird durch ein Blatt Papier ange-deutet / Rechts das Hinweise-Fenster.

Die **Hilfsmittelpalette**: Symbole, um auf die ge-wünschte Zeichenfunktion umzuschalten, z.B. Linie oder Rechteck, Kreis oder Text, Far-ben einstellen, Stiftdicke …

Hier kann die **Farbe** gewählt werden.

Lineale ermöglichen präzises Arbeiten.

Bildlaufleisten, um den angezeigten Bildaus-schnitt zu verschieben.

♦ Die Andockfenster können Sie bei Bedarf mit **Fenster-Andockfen-ster**, dann z.B. **–Hinweise** wieder einschalten, zunächst raubt dies jedoch kostbaren Bildschirmplatz, daher mit dem X schließen.

29

4.2 Die Seite einrichten

Für diese neue Zeichnung ist DIN A4 Hochformat ungeeignet. Wir wollen deshalb als Papierformat DIN A5 quer einstellen. Das wäre in dem Dialogfeld, das nach „neue Datei" erscheint sowie jederzeit in der Eigenschaftsleiste möglich. Damit Sie auch später das Seitenformat wechseln können, benutzen wir nicht das Dialogfeld.

➢ Beginnen Sie ein **neues Dokument**.

➢ Schalten Sie dieses, wenn eine neue Datei begonnen wird, erscheinende Fenster dauerhaft ab.

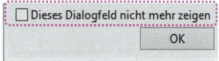

↳ Wieder aktivieren geht folgendermaßen: **Extras-Anpassung-Allgemein-Dialogfeld ‚Neue Dokumente anzeigen'**.

➢ Wenn nichts markiert ist, werden in der **Eigenschaftsleiste** die Seiteneinstellungen (Papierformat usw.) angezeigt.

↳ Ggf. mit dem Auswahlpfeil **im leeren Bereich klicken**, damit nichts markiert ist.

| **Papierformat** aus der Liste auswählen oder daneben die gewünschten Koordinaten eintragen. | Links: alle Seiten in diesem Projekt ändern, rechts: nur die aktuelle Seite einstellen. |

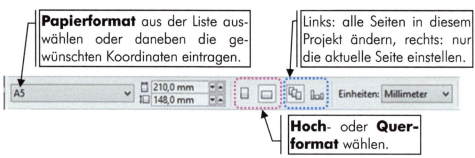

Hoch- oder **Querformat** wählen.

➢ Das Seitenformat können Sie genauso im Menü **Layout-Seite einrichten** einstellen. Dieses übersichtliche Menü sollten Sie sich einmal anschauen.

♦ Bei **Layout** finden Sie außerdem den Befehl **Seitenhintergrund**.

↳ In diesem Menü können Sie sehr einfach eine Farbe oder ein Bild als Hintergrund der Seite auswählen.

4.3 Rechtecke, Ellipsen, Vielecke

➢ Zeichnen Sie nun einige Rechtecke und Ellipsen. Bei dem untersten Symbol können die Formen gewählt werden.

➢ Als "Rechtecke und Ellipsen" speichern.

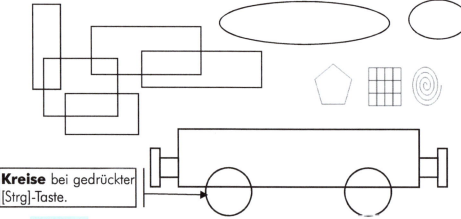

| **Kreise** bei gedrückter [Strg]-Taste. |

4.4 Markieren und Verschieben

Möglicherweise passen die gezeichneten Objekte nicht optimal auf das neue Papierformat. Kein Problem:

Ein Objekt:

- ◆ mit dem Auswahlpfeil anklicken heißt, dieses auszuwählen.
  - ↳ Die Anfasserpunkte erscheinen, so dass die Größe geändert werden kann usw.

Mehrere Objekte:

- ◆ können bei gedrückter [Umschalt]-Taste angeklickt und markiert werden.
  - ↳ Beachten Sie die Meldung ganz unten in der **Statuszeile**: „X Objekte markiert…", sonst hat es nicht geklappt.
- ◆ Mit dem Auswahlwerkzeug können Sie einen großen Rahmen ziehen, genauso wie ein Rechteck, bloß dass es sich mit dem Auswahlpfeil um einen **Markierungsrahmen** handelt.

Markierungs-rahmen

  - ↳ **Alle Objekte** innerhalb dieses Rahmens werden markiert und können nun auf einmal verschoben, kopiert, gelöscht usw. werden.
- ◆ Ebenfalls möglich mit **Bearbeiten-Alles auswählen**-Objekte (Text, Hilfslinien oder Knoten könnten so auch markiert werden).

Übung verschieben und Größe anpassen:

- ➢ Markieren Sie alle gezeichneten Objekte mit einem **Markierungs-rahmen**,
- ➢ dann alle auf einmal **verschieben**, entweder
  - ↳ mit der **Maus** an einer Linie anfassen oder
  - ↳ mit den **Richtungstasten** ganz präzise oder
  - ↳ in der **Eigenschaftsleiste** die neuen Koordinaten angeben.

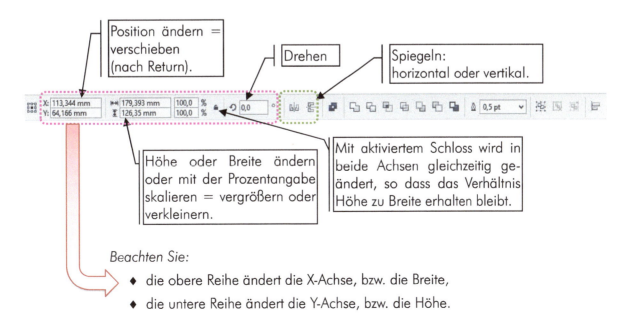

Beachten Sie:

- ◆ die obere Reihe ändert die X-Achse, bzw. die Breite,
- ◆ die untere Reihe ändert die Y-Achse, bzw. die Höhe.

31

4.5 Farben wählen

Die Rechtecke sind in schlichtem schwarz doch etwas fad. Streichen wir Sie an. Farben können über die **Farbpalette** am rechten Bildschirmrand ausgewählt werden. Dabei gilt:

♦ zuerst ein Objekt, z.B. ein Rechteck, **markieren**,

♦ dann kann für das markierte Objekt die **Farbe** geändert werden. Lediglich am rechten Rand auf eine Farbe der Farbpalette klicken.

4.6 Die Farbpalette

Im sichtbaren Bereich der Farbpalette werden nur wenige Farben angezeigt. Zu den anderen Farben gelangen Sie folgendermaßen:

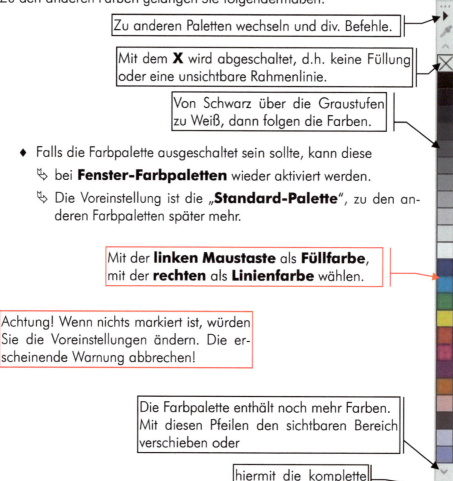

Zu anderen Paletten wechseln und div. Befehle.

Mit dem **X** wird abgeschaltet, d.h. keine Füllung oder eine unsichtbare Rahmenlinie.

Von Schwarz über die Graustufen zu Weiß, dann folgen die Farben.

♦ Falls die Farbpalette ausgeschaltet sein sollte, kann diese

☞ bei **Fenster-Farbpaletten** wieder aktiviert werden.

☞ Die Voreinstellung ist die „**Standard-Palette**", zu den anderen Farbpaletten später mehr.

Farbpalette einschalten

Mit der **linken Maustaste** als **Füllfarbe**, mit der **rechten** als **Linienfarbe** wählen.

Achtung! Wenn nichts markiert ist, würden Sie die Voreinstellungen ändern. Die erscheinende Warnung abbrechen!

Die Farbpalette enthält noch mehr Farben. Mit diesen Pfeilen den sichtbaren Bereich verschieben oder

hiermit die komplette Farbpalette anzeigen.

➤ Weisen Sie allen gezeichneten Elementen eine Linien- und Füllfarbe zu.

☞ Auch hier gilt, dass Sie bei gedrückter **[Umschalt]-Taste** oder mit einem Markierungsrahmen mehrere Elemente markieren und damit diesen auf einmal eine Farbe zuweisen können.

Unten rechts wird die Füll- und Linienfarbe des aktiven Objekts angezeigt.

Die Linien sind noch sehr dünn. Auch das lässt sich ändern.

4.7 Liniendicke ändern

Damit die Umrisslinien deutlicher sichtbar werden, können wir die **Linien-dicke** erhöhen. Mit der Abrollliste in der Eigenschaftsleiste können Linien eingestellt werden:

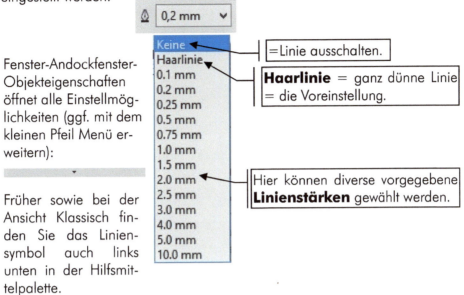

Fenster-Andockfenster-Objekteigenschaften öffnet alle Einstellmöglichkeiten (ggf. mit dem kleinen Pfeil Menü erweitern):

Früher sowie bei der Ansicht Klassisch finden Sie das Linien-symbol auch links unten in der Hilfsmittelpalette.

Fenster-Andockfenster-**Farbmenü** öffnet alle Farbeinstellmöglichkeiten.

➢ Mit einem großen Markierungsrahmen gleich mehrere Objekte markieren und **Liniendicke ändern**.

➢ Anschließend wieder die Linien- und Füllfarben ändern.

So bunt könnte es werden:

Verschwinden die Räder hinter dem Kasten? Wenn nicht, folgt Abhilfe auf der nächsten Seite.

33

4.8 Die Eigenschaftsleiste – Anordnen

◆ Es gilt im Corel: was zuletzt gezeichnet wurde, ist **vorne**. Wird dieses gefüllt, ist alles darunter liegende verdeckt. Haben Sie also die Räder zuletzt gezeichnet, müssen diese hinter den Wagen gesetzt werden.

  ↳ Statt zwei Räder zu markieren, ist es einfacher, den Wagen zu markieren und nach vorne zu setzen.

➢ Rechte Maustaste auf dem Objekt, dann Anordnung:

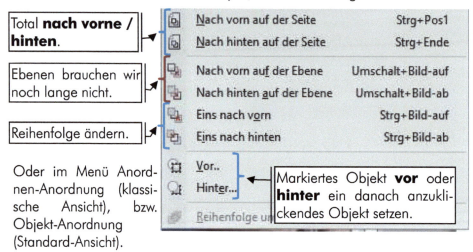

Total **nach vorne / hinten**.

Ebenen brauchen wir noch lange nicht.

Reihenfolge ändern.

Oder im Menü Anordnen-Anordnung (klassische Ansicht), bzw. Objekt-Anordnung (Standard-Ansicht).

Markiertes Objekt **vor** oder **hinter** ein danach anzuklickendes Objekt setzen.

➢ Wählen Sie nun noch das **Vieleck**, setzen Sie dieses nach vorne und stellen Sie eine andere Eckenanzahl ein.

4.9 Rückgängig

◆ Mit folgendem Ratschlag kann Ihnen nichts mehr passieren:

  ↳ Bei jeder Aktion das Ergebnis am Bildschirm beachten.

  ↳ Ist nicht das Erwartete eingetreten, sofort **Rückgängig** wählen.

  ↳ Ursache herausfinden (falscher Befehl, nicht markiert usw.) und richtigen Befehl suchen.

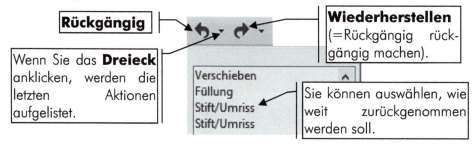

Rückgängig

Wenn Sie das **Dreieck** anklicken, werden die letzten Aktionen aufgelistet.

Wiederherstellen (=Rückgängig rückgängig machen).

Sie können auswählen, wie weit zurückgenommen werden soll.

4.9.1 Löschen

Natürlich können Sie Objekte, die nicht passen, auch einfach löschen:

➢ **Auswahlwerkzeug** und zu löschendes Objekt anklicken.

  ↳ Auch hier ist es oft praktisch, mehrere Elemente mit einem Auswahlrahmen oder bei gedrückter [Umschalt]-Taste zu markieren.

➢ Wenn das Objekt markiert ist, was an den Anfasserpunkten erkennbar ist, die **[Entf]-Taste** drücken.

5. Zoomen und Ansicht

Wenn Sie so vergrößern, dass Sie Ihren aktuellen Zeichenbereich gut sehen können, lassen sich viele Fehler von vornherein vermeiden, z.B. nicht zusammenpassende Linienenden.

5.1 Zoom mit der Eigenschaftsleiste

Es gibt mehrere Möglichkeiten zum Zoomen. Die einfachste folgt.

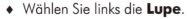

♦ Wählen Sie links die **Lupe**.

    ↪ Sie können jetzt mit der **Maus** in der Zeichnung zum **Vergrößern** klicken (**linke Maustaste**) oder mit der **rechten Maustaste verkleinern** oder mit gedrückter Maustaste den Bereich angeben

    ↪ oder die Symbole in der **Eigenschaftsleiste** zum Vergrößern oder Verkleinern verwenden (wenn die Lupe gewählt ist):

Vergrößern (+) oder verkleinern (-), eigentlich unnötige Symbole, da Mausklicken reicht.

Markierte Objekte oder

alle Objekte anzeigen.

Ganze Seite mit Seitenrändern oder

in der Höhe oder

in der Breite an den Bildschirm einpassen.

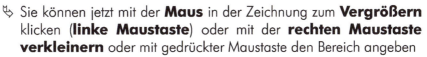

Symbole anders angeordnet? Fenster-Arbeitsbereich-Klassisch

♦ Bei einer **Maus mit Rad** kann

    ↪ durch Drehen am Rad vergrößert oder verkleinert werden, sofern die Lupe gewählt ist und

    ↪ mit Klicken auf das Rad kann meist der Schwenken-Modus gestartet werden.

Bereich verschieben:

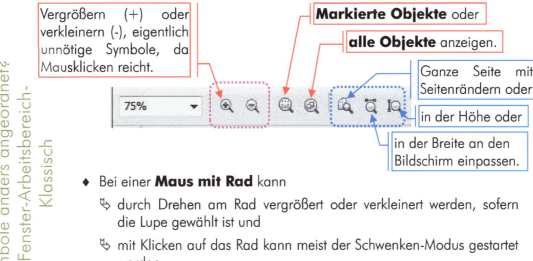

Maus kurz gedrückt halten, bis die zwei Optionen erscheinen:

Schwenken: Bildausschnitt verschieben.

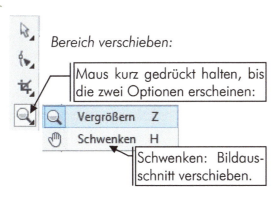

Beachten Sie auch folgende Shortcuts:

♦ **[F3]** = verkleinern,

♦ **[F4]** = Zoom auf alle Objekte,

♦ **[F9]** für Ganzseitenvorschau, zurück mit [Esc] oder Mausklick.

35

5.2 Die Schaltfläche Zoomfaktor

Die Zoom-Schaltfläche finden Sie nicht nur in der Eigenschaftsleiste, wenn das Zoomwerkzeug ausgewählt ist, sondern ständig in der Symbolleiste.

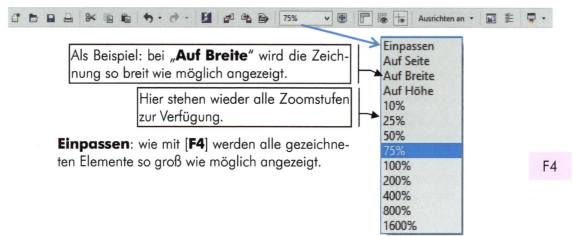

Als Beispiel: bei „**Auf Breite**" wird die Zeichnung so breit wie möglich angezeigt.

Hier stehen wieder alle Zoomstufen zur Verfügung.

Einpassen
Auf Seite
Auf Breite
Auf Höhe
10%
25%
50%
75%
100%
200%
400%
800%
1600%

Einpassen: wie mit [**F4**] werden alle gezeichneten Elemente so groß wie möglich angezeigt.

F4

5.3 Die Ansicht einstellen

wird hier nur vorgestellt, weil diese Funktion große Probleme verursachen kann, indem z.B. keine Füllungen mehr angezeigt werden. Bei **Ansicht** können Sie wählen:

Datei   Bearbeiten   Ansicht   Layout

Einfacher Umriss
Umriss
Entwurf
Normal
Erweitert
Pixel
Überdruckungen simulieren
Komplexe Effekte rastern

- Bei **Umriss** werden nur Umrisslinien, aber keine Füllungen angezeigt.

  ✎ Früher sinnvoll, um den Bildaufbau zu beschleunigen, heute bei versehentlichem Umschalten eine tückische Einstellung!

- Üblich ist **Normal** (alles Gezeichnete wird angezeigt) oder **Erweitert** (auch Postscript-Füllungen werden angezeigt).

- **Pixel**: bei starker Vergrößerung wird an den Objekträndern sichtbar, dass die Pixel wie gedruckt, nicht geglättet, angezeigt werden.

- **Überdruckungen** - für Offsetdruck ungünstig, wenn z.B. ein helles Objekt über einem dunklen gedruckt werden soll – können hier angezeigt werden. **Komplexe Effekte rastern:** diese Effekte werden wie Fotos als Pixelmuster ausgegeben, kann bei Druckproblemen helfen.

Im Menü Ansicht finden Sie noch diese interessanten Funktionen:

- **Seitensortierungsansicht**: vor dem Druck noch einmal alle Seiten sehen. Zum Ausschalten noch einmal wählen oder [Esc] drücken.

- **Gitter, Lineale, Hilfslinien** ein- oder ausschalten. Probieren Sie schon einmal das Gitter, eine Erläuterung folgt im nächsten Kapitel.

- **Seite**: hier können Sie z.B. den „**druckbaren Bereich**" sichtbar machen, d.h. den Papierbereich, den Ihr Drucker tatsächlich bedrucken kann. Dieser ist meistens etwas kleiner als das Papierformat.

  ✎ Der **Seitenrand** markiert die eingestellte Papiergröße, damit Sie die Zeichenelemente passend anordnen können.

36

5.4 Corel einstellen

- ◆ Bei **Extras-Optionen** können Sie die Voreinstellungen in jedem Programm ändern,

- ◆ bei **Extras-Anpassung** z.B. die Symbolleisten einstellen, etwa bei dem Unterpunkt „Anpassung-Befehlsleisten" die Größe der Symbole.

- ◆ Bei **Extras-Einstellungen als Standard speichern** können Sie die aktuellen Zeichnungseinstellungen als Voreinstellung speichern.

  - ↳ Oder mit **Extras-Optionen**, dann links „**Dokument**" anklicken.

  - ↳ Bei der letzteren Methode können Sie „**als Standard für neue Dokumente**" auswählen und dann darunter die gewünschten Optionen, die übernommen werden sollen, einzeln auswählen.

Mit dieser Methode können Sie auch das meist verwendete Papierformat sowie die Gitter- und Hilfslinieneinstellungen als Voreinstellung für alle neuen Zeichnungen speichern.

5.5 Symbolleisten ein- oder ausschalten

☑ Menüleiste
☐ Kontextmenüleis...
☑ Statusleiste
☑ Standard
☑ Eigenschaftsleiste
☑ Hilfsmittelpalette
☐ Zoom
☐ Text
☐ Layout
☐ Ändern
☐ Seriendruck
☐ Makros
☐ Internet
☐ New ToolBar 1

Ebenfalls bei **Extras-Anpassung-Befehlsleisten** können Sie weitere Symbolleisten einschalten, z.B. die Symbolleiste Text für Schrifteinstellungen, oder versehentlich abgeschaltete Symbolleisten reaktivieren.

Symbolleisten-Überblick:

- ◆ Die **Menüleiste** enthält die Menüpunkte Datei, Bearbeiten, …

- ◆ Die **Statusleiste** zeigt am unteren Rand zusätzliche Informationen an.

- ◆ Die Symbolleiste **Standard** ist die obere Symbolleiste mit Datei-Neu, -Öffnen, -Speichern usw., darunter die **Eigenschaftsleiste.**

- ◆ **Hilfsmittelpalette:** unsere Symbole links im Corel mit den Zeichenwerkzeugen für Linie, Rechteck …

Übung Symbolleiste:

- ➢ Blenden Sie einzeln andere Symbolleisten ein, anschauen und wieder abschalten.

  - ↳ Sie sehen die Wirkung unmittelbar am Bildschirm, ohne das Menü verlassen zu müssen.

- ➢ **Ziehen** Sie die **Hilfsmittelpalette** in die Zeichnung und **formen** Sie die **Hilfsmittelpalette** um: an den Rändern anfassen, sobald die Maus zu einem Doppelpfeil umschaltet.

  - ↳ Die Symbolleisten sind zunächst fixiert und können nicht verschoben werden. Auf der Hilfsmittelpalette rechte Maustaste drücken (am Rand, nicht auf einem Symbol), dann im Abrollmenü ganz unten „Symbolleisten fixieren" abschalten.

- ➢ **Schließen** Sie die **Hilfsmittelpalette**. Jetzt die **Hilfsmittelpalette** wieder **einschalten** und an die alte Position schieben (Maus nicht zu früh loslassen).

  - ↳ Abschließend wieder rechte Maustaste-Symbolleisten fixieren.

37

6. Linien

6.1 Freihandlinie

Linien werden mit dem **Linienwerkzeug** gezeichnet. Dabei gibt es mehrere Möglichkeiten. Wir beginnen mit der Freihandlinie.

➤ Neue Zeichnung DIN A4 quer, dann das **Linienwerkzeug** wählen und mit **gedrückter Maustaste** z.B. zeichnen:

Die Linien werden dabei automatisch gerundet, weniger Wendepunkte erleichtern das spätere Umformen. Mehr über die Kurvenbearbeitung ab Seite 95.

> Wer viel Freihand zeichnen will, sollte die Anschaffung eines Zeichentabletts mit druckempfindlichem Stift in Erwägung ziehen, denn zum einen wird dann die Linie dicker, wenn Sie fester drücken, zum anderen ist die Maus ungeeignet zum Freihandzeichnen.

➤ Abschließen, indem Sie zu dem Auswahlpfeil umschalten und eine andere Farbe sowie eine dickere Linie einstellen.

Aber nicht nur Freihandlinien, auch gerade Linien und Vielecke sind möglich.

6.1.1 Gerade Linie

➤ Für eine **gerade Linie** mit dem Linienwerkzeug gilt:

↳ Maus einmal klicken = **Anfangspunkt**,

↳ noch einmal an anderer Stelle klicken = **Endpunkt**.

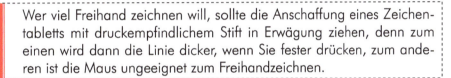

6.1.2 Vieleck

♦ Mit dem Linienwerkzeug kann eine gerade Linie fortgesetzt werden:

↳ Maus einmal klicken = **Anfangspunkt**, Maus weg bewegen,

↳ mit **Doppelklicken** wird ein Punkt gesetzt, aber die Linie weiter geführt, so dass Sie mit weiterem Doppelklicken beliebig viele Linienstücke anhängen können,

↳ bis der **Endpunkt** durch einmal klicken gesetzt wird.

➤ Zeichnen Sie z.B. ein Dreieck oder eine Faschingskappe.

39

6.2 Linien im Winkel

Waagerechte oder senkrechte Linien, bzw. Linien in folgenden Winkeln: 15°, 30°, 45°, 60°, 90° usw. können so gezeichnet werden:

> **Anfangspunkt** wie gewohnt setzten, Maus weg bewegen und zusätzlich die **[Strg]-Taste** gedrückt halten.
>> ↳ Wenn Sie mit gedrückter Maustaste um den Anfangspunkt kreisen, ist zu sehen, dass die Linie nur diesen Winkeln gezeichnet wird.

> Ziehen Sie eine waagerechte Linie über die ganze Seite.

6.3 Übung Linien

> **Zeichnen** Sie folgendes in unserer Zeichnung, dann als „Linien und Formen" speichern:

Anfangspunkt einmal klicken – Doppelklicken – Doppelklicken – Endpunkt auf Anfangspunkt einmal klicken. Versuchen Sie anschließend, die geschlossenen Figuren farbig zu füllen.

Damit Sie Elemente füllen können, muss die Linie geschlossen sein, d. h. Endpunkt auf Anfangspunkt.

6.4 Übung Gitter Cabrio

> **Neue Zeichnung** DIN A5 quer beginnen und als Cabrio speichern.

> Eine waagerechte Linie als Straße zeichnen, darüber ein Rad als Kreis (mit gedrückter [Strg]-Taste) zeichnen, dicke Linie für den Reifen einstellen sowie eine passende Füllfarbe.

> Diesen Kreis, wenn fertig, für das zweite Rad kopieren und auch oberhalb der Straßenlinie anordnen.

> Das Chassis aus geschlossenen Linien (Doppelklicken) zeichnen, dann Füllfarbe wählen und nach hinten setzen (rechte Maustaste-Anordnung-nach hinten…), so dass die Räder vorne sind.

> Abschließend die Frontscheibe als Dreieck aus Linien zeichnen, passend füllen und auf die Karroserie setzen.

[Strg]-Bild auf/ab

40

6.5 Stiftarten und künstlerische Medien

Wenn Sie die Maus auf dem Freihand-Stiftwerkzeug kurz gedrückt halten, können Sie in dem erscheinenden Menü zu weiteren Linientypen umschalten:

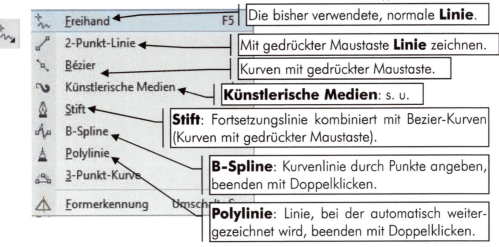

Statt diesen Kurvenlinien (Bezier, B-Spline, 3-Punkt-Kurve) lassen sich Kurven leichter mit der Kurvenbearbeitung erstellen und anpassen. Das wird ausführlich ab S. 95 erläutert.

Darum sind in diesem Menü vor allem die **Freihandlinie** sowie die **künstlerischen Medien** interessant. Bei letzterem Punkt verbirgt sich eine Vielzahl faszinierender Zeichenfunktionen.

> ➢ Neue Übung und den Stift **künstlerische Medien** wählen. In der **Eigenschaftsleiste** finden Sie nun folgende Einstellmöglichkeiten:

Bei **Effekte-Künstlerische Medien** finden Sie diese Stifttypen noch einmal als Andockfenster. Stifttyp und Form wählen, dann malen. Sie können jedoch die **Form** auch **nachträglich ändern**, wenn das Objekt markiert ist oder sogar anderen gezeichneten Elementen die Formen zuweisen, z.B. ein Rechteck markieren, dann eine voreingestellte Linienform oder eine Bildsprühdose wählen.

6.5.1 Voreinstellungen

Statt einer Linie mit gleichmäßiger Breite können Sie hier spezielle Linienformen auswählen, z.B. eine keilförmige Linie oder einen Wassertropfen.

 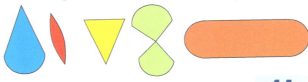

41

6.5.2 Ausgewählte Pinsel (künstlerische Medien)

Diese Pinsel malen wunderschöne Tapetenmuster auf das Blatt.

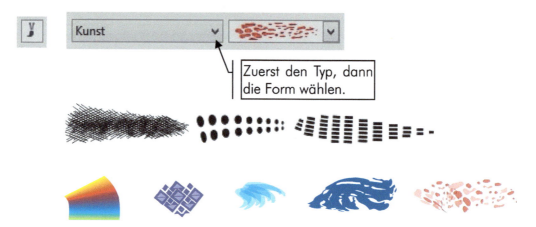

6.5.3 Einige Sprühdosen-Effekte

Bei der Sprühdose, genauer: Bildsprühdose, können Sie eine Folge von Bildern mit gedrückter Maustaste versprühen. Ausprobieren, beachten Sie dabei die beiden Auswahlschaltflächen:

6.5.4 Der Stift Kalligraphie

Wenn Sie mit einem echten, breiten Pinsel seitlich malen, ist der Strich ganz dünn, quer jedoch ganz breit. Das gibt z.B. beim Malen von chinesischen oder japanischen Schriftzeichen die kalligraphischen Effekte. Solche Pinsel können Sie mit dieser Funktion simulieren, wobei die Breite des Pinsels und die Drehung vorgegeben werden kann.

> ➢ Zeichnen Sie, vorher den Winkel für einen flachen Pinsel auf 60° erhöhen.

6.6 Übung Stift

Malen Sie mit der Linie das Boot, zwei Rechtecke für den blauen Himmel und das dunklere Wasser (blau füllen), Kopf und Körper als Ellipsen, Haare mit dem Stift.

Der Rest (Wolken, Luftballons, Wellen …) sind Pinsel- oder Sprühdosen-Effekte.

Sprühdose mit Wolken und Luftballons.

Wellen mit dem Pinsel.

Zwei gefüllte Rechtecke, oben hellblau für den Himmel, unten dunkelblau für das Wasser.

Anna Speed

Falls zu schwer: eigene Ideen verwirklichen …

6.7 Formerkennung und int. Füllung

Mit der intelligenten Füllung können Sie Schnittflächen ausfüllen lassen:

> Rechteck und Kreis zeichnen und ausprobieren.

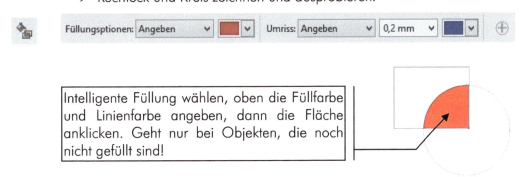

| Füllungsoptionen: Angeben | ☑ | | ☑ | Umriss: Angeben | ☑ | 0,2 mm | ☑ | | ☑ | ⊕ |

Intelligente Füllung wählen, oben die Füllfarbe und Linienfarbe angeben, dann die Fläche anklicken. Geht nur bei Objekten, die noch nicht gefüllt sind!

Im Linien-Menü können Sie zu der Formerkennung umschalten:

[Umschalt]-S

Wenn die Formerkennung gewählt ist, mit gedrückter Maustaste frei Hand etwas zeichnen und Corel versucht, eine gewünschte Form (Dreieck, Kreis, Vieleck usw.) zu erkennen und passend zu schließen.

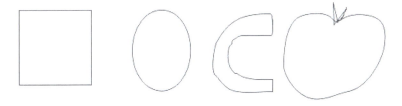

43

Zweiter Teil

Präzises Zeichnen

Quadrat, Kreis, Gitter, Hilfslinien, Text, Gruppieren

Symbole anders angeordnet?
Fenster-Arbeitsbereich-
Klassisch

7. Präzises Zeichnen

7.1 Das Gitter

ist eine nützliche Hilfe beim Zeichnen.

- ♦ Ist das **Gitter** z.B. auf 5 mm Abstand eingestellt und aktiviert, wird alles neu Gezeichnete auf diesem 5 mm-Raster angeordnet.

  - ✎ Krumme Maße, etwa Linie von 45,05756 / 33,45666 werden so von vornherein vermieden und es kann ohne Arbeitsaufwand genau gezeichnet werden.

Das Gitter kann auf mehreren Wegen eingerichtet werden. Am besten mit: **rechte Maustaste** auf dem **Lineal**, dann „**Gitter einrichten**".

Es ist immer das gleiche Menü zum Einstellen, welches über **Extras-Optionen-Dokument-Gitter** oder im Schnellverfahren durch die **rechte Maustaste** auf dem **Lineal**, dann Gitter einrichten, geöffnet werden kann:

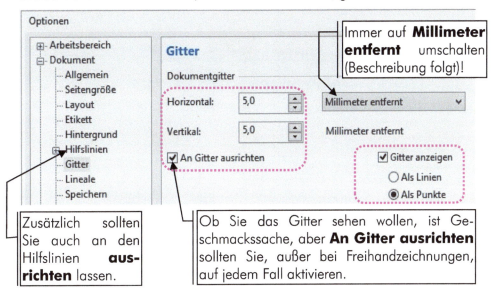

Weiteres zu dem Gitter:

- ♦ **Ansicht-Gitter** blendet die Gitterpunkte ein/aus,

- ♦ bei **Ansicht-Ausrichten an** kann das Ausrichten an den diversen Gittern ein- oder ausgeschaltet werden.   [Strg]-Y

- ♦ **Basisliniengitter**: waagerechte Hilfslinien wie auf Linienpapier werden in dem eingestellten pt-Abstand eingeblendet.

- ♦ **Pixelgitter** macht das Pixel-Punkte-Gitter sichtbar, welches aber nur bei der Ansicht Pixel und sehr starker Vergrößerung sichtbar wird.

47

Hinweise zum Gitter:

- ♦ 0,2 **Gitterlinien pro Millimeter** entsprechen Gitterpunkten alle 5 mm (=**Millimeter entfernt**).

- ♦ Die Gitterpunkte werden automatisch nicht zu dicht angezeigt.

  - ↳ Bei verkleinerter Darstellung lässt Corel Gitterpunkte weg, damit nicht eine schwarze Zeichnung voller Gitterpunkte angezeigt wird.

7.1.1 Übung Pyramide aus Quadraten

Zeichnen Sie folgende Pyramide aus Quadraten.

- ➢ Neue Zeichnung, DIN A5 quer, **Gitter** auf 10 mm Abstand einstellen,

[Strg]

- ➢ dann ein Quadrat zeichnen ([Strg]-Taste gedrückt halten) und mehrfach mit der Maus kopieren:

  - ↳ **verschieben + unterwegs Maustaste** kurz klicken, die linke erst am Zielort loslassen.

- ♦ Beachten Sie beim Zeichnen, Verschieben und Umformen, ob der **Cursor** zu den Gitterpunkten springt (ggf. **am Eck** anfassen).

  - ↳ Wenn nicht, kontrollieren, ob bei Ansicht das Gitter aktiviert, der Abstand richtig angegeben sowie Ausrichten an eingestellt ist.

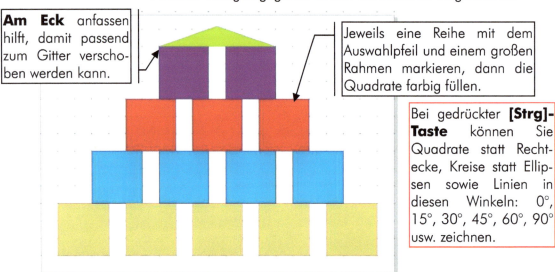

Am Eck anfassen hilft, damit passend zum Gitter verschoben werden kann.

Jeweils eine Reihe mit dem Auswahlpfeil und einem großen Rahmen markieren, dann die Quadrate farbig füllen.

Bei gedrückter **[Strg]-Taste** können Sie Quadrate statt Rechtecke, Kreise statt Ellipsen sowie Linien in diesen Winkeln: 0°, 15°, 30°, 45°, 60°, 90° usw. zeichnen.

- ➢ Übung als „Pyramide Quadrate" **speichern**, da diese später wieder verwendet wird.

7.1.2 Weiteres zum Gitter

Jetzt haben wir das Gitter eingerichtet und können damit genau zeichnen. Spätestens bei einem guten Ausdruck macht sich das positiv bemerkbar.

- ♦ Wenn Sie ein **Detail** stark vergrößert zeichnen, können Sie das Gitter feiner einstellen, z.B. jeden Millimeter oder sogar alle 0,1 mm.

- ♦ Das Gitter ist optimal und sollte immer verwendet werden, damit alles ohne Aufwand haargenau passt. Die einzige Ausnahme sind echte **Freihandzeichnungen**.

Für **Freihandelemente** (Kurven, Sterne, Figuren usw.) würde das Gitter nur stören: mit **[Strg]-Y** vorübergehend abschalten.

7.2 Kopieren und Verschieben

- ◆ Sie können auch eine **Kopie** mit dem Befehl **Bearbeiten-Dupli-zieren** erstellen (erstmals ist der Einfüge-Abstand anzugeben).

  [Strg]-
  D

- ◆ Elemente können mit den Richtungstasten präzise verschoben werden. Wenn das Auswahlwerkzeug gewählt und kein Objekt markiert ist (ggf. mit dem Auswahlpfeil im leeren Bereich klicken), kann die Schrittweite in der **Eigenschaftsleiste** eingestellt werden:

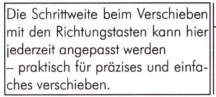
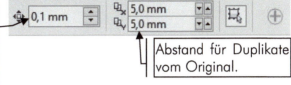

Die Schrittweite beim Verschieben mit den Richtungstasten kann hier jederzeit angepasst werden – praktisch für präzises und einfaches verschieben.

Abstand für Duplikate vom Original.

Die Voreinstellung:

- ➢ Sie können die Schrittweite in der **Eigenschaftsleiste** oder auch bei **Extras-Optionen**-Dokument-Lineale vorgeben.

  - ✎ Wenn Sie z.B. 1 mm einstellen, können Sie mit den Richtungstasten markierte Elemente um jeweils 1 mm verschieben, die größere Schrittweite gilt bei zusätzlich gedrückter [Umschalt]-Taste, z.B. könnten Sie hier 10 für 10x1mm vorgeben.

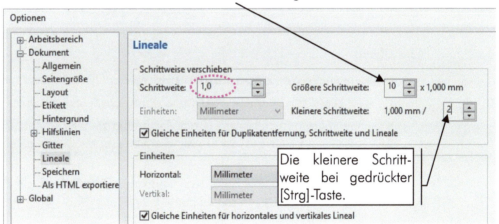

Die kleinere Schrittweite bei gedrückter [Strg]-Taste.

7.3 Übung

- ➢ Erstellen Sie aus Rechtecken und Linien mit Kopieren, Drehen und Verschieben folgenden Bauernhof. Erleichtern Sie sich die Arbeit, indem Sie möglichst stark **vergrößern**, was Sie gerade zeichnen.

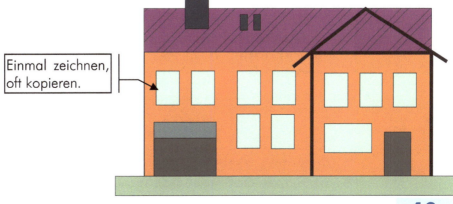

Einmal zeichnen, oft kopieren.

49

7.4 Hilfslinien

Es bleibt die Frage, wie sich Objekte wie z.B. die Fenster einfacher auf der gleichen Höhe anordnen lassen: mit den **Hilfslinien**.

Wichtiges über Hilfslinien:

- ◆ **Hilfslinien** werden nicht ausgedruckt, aber die Objekte können an den Hilfslinien genau ausgerichtet werden.
  - ✎ Hilfslinien sind damit optimal, um Seitenränder vorzugeben oder um Elemente bündig anzuordnen.

7.4.1 Hilfslinien setzten und bearbeiten

Oben und links befinden sich die **Lineale**.

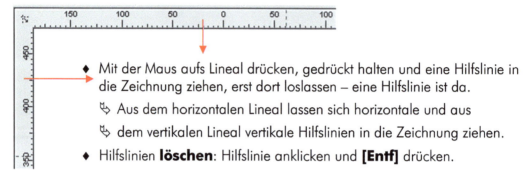

- ◆ Mit der Maus aufs Lineal drücken, gedrückt halten und eine Hilfslinie in die Zeichnung ziehen, erst dort loslassen – eine Hilfslinie ist da.
  - ✎ Aus dem horizontalen Lineal lassen sich horizontale und aus
  - ✎ dem vertikalen Lineal vertikale Hilfslinien in die Zeichnung ziehen.
- ◆ Hilfslinien **löschen**: Hilfslinie anklicken und **[Entf]** drücken.

Zur Übung:

- ➢ Beginnen Sie eine **neue Zeichnung,** wieder DIN A5-quer.
- ➢ Gitter zuerst alle 5mm einstellen und daran ausrichten aktivieren.
  - ✎ Wenn Sie nun Hilfslinien in die Zeichnung ziehen, richten sich auch diese am Gitter aus, sofern Sie die Maus in der Nähe eines Gitterpunktes loslassen.

- ➢ Dann zwei horizontale und zwei vertikale **Hilfslinien** als **Seitenrand-Markierung** in die Zeichnung ziehen.

Hilfslinien verschieben:

- ➢ Versuchen Sie, eine senkrechte und eine waagerechte Hilfslinie zu **verschieben**: anklicken und an eine andere Stelle ziehen.

Jetzt drehen wir eine Hilfslinie:

- ➢ Eine weitere Hilfslinie in die Mitte ziehen, beim Anklicken erscheinen außen die Drehpfeile, an denen die Hilfslinie **gedreht** werden kann.
  - ✎ Den **Drehwinkel** können Sie auch in der **Eigenschaftsleiste** angeben (mit Return bestätigen).
- ◆ Das **Hilfslinien-Menü** ist praktisch, wenn viele Hilfslinien gesetzt werden:
  - ✎ zum Öffnen auf eine Hilfslinie **Doppelklicken** oder
  - ✎ **rechte Maustaste** auf dem Lineal, dann „Hilfslinien einrichten"
  - ✎ oder **Extras-Optionen-Dokument-Hilfslinien**.

50

7.4.2 Das Hilfslinien-Menü

In dem Menü für Hilfslinien gibt es folgende Oberpunkte: für horizontale, vertikale und alle Hilfslinien. Auf eine Hilfslinie doppelklicken:

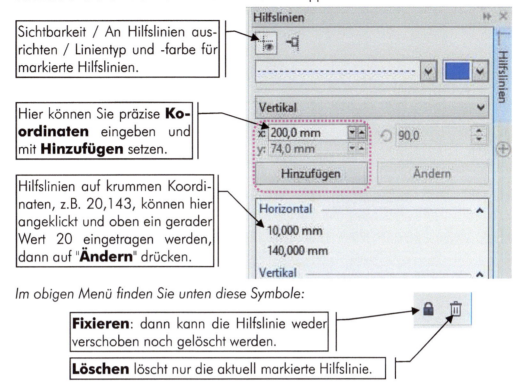

Sichtbarkeit / An Hilfslinien ausrichten / Linientyp und -farbe für markierte Hilfslinien.

Hier können Sie präzise **Koordinaten** eingeben und mit **Hinzufügen** setzen.

Hilfslinien auf krummen Koordinaten, z.B. 20,143, können hier angeklickt und oben ein gerader Wert 20 eingetragen werden, dann auf "**Ändern**" drücken.

Im obigen Menü finden Sie unten diese Symbole:

Fixieren: dann kann die Hilfslinie weder verschoben noch gelöscht werden.

Löschen löscht nur die aktuell markierte Hilfslinie.

7.4.3 Das Hilfslinien-Menü

Im obigen Andockfenster können Sie zwischen Vertikal, Horizontal und Abgewinkelt umschalten. Im Menü bei **Extras-Optionen-Dokument-Hilfslinien** finden Sie noch etwas mehr.

Hinzufügen nicht vergessen!

Hier könnten Sie eine Hilfslinie statt durch einen **Winkel** durch **zwei Punkte** angeben.

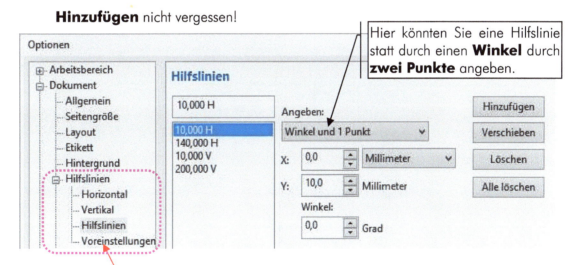

Bei **Voreinstellung** finden Sie Vorlagen z.B. für je 1cm Seitenränder, den druckbaren Bereich oder ein dreispaltiges Rundschreiben. Da die Voreinstellungen meistens nicht für Ihren Anwendungsfall passen, ist es effektiver, das Seitenformat und die Hilfslinien per Hand einzustellen. Wenn Sie zuerst das Gitter einrichten, sind Hilfslinien ruckzuck wie gewünscht in die Zeichnung gezogen.

51

7.5 Ausrichten an

Hilfslinien nützen noch nichts, solange die Objekte nicht daran ausgerichtet werden.

[Strg]-Y

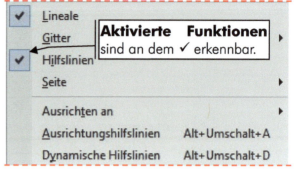

- ♦ Bei **Ansicht** können Sie ausrichten an dem Gitter und Hilfslinien an- oder abschalten.

- ♦ Bei **Ansicht**-Ausrichten an" finden Sie noch mehr, hier kann z.B. an Objekten ausrichten ein- oder ausgeschaltet werden.

Dynamische Hilfslinien erleichtern das Konstruieren, da diese selbsttätig erscheinen und Winkel oder Bezüge angeben. In der **Eigenschaftsleiste** kann einiges direkt gewählt werden, wenn eine Hilfslinie markiert ist:

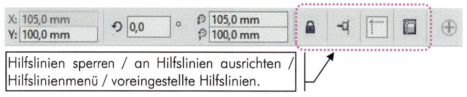

Hilfslinien sperren / an Hilfslinien ausrichten / Hilfslinienmenü / voreingestellte Hilfslinien.

7.6 Übung Lkw

- ➢ **Neue Zeichnung** beginnen, als LKW **speichern**.
- ➢ Seite einrichten: 6 x 3 Meter und Raster alle 0,2 Meter einstellen und das Zeichnen geht wie von selbst.
- ➢ Unten eine **waagerechte Hilfslinie,** daran ausrichten aktivieren.

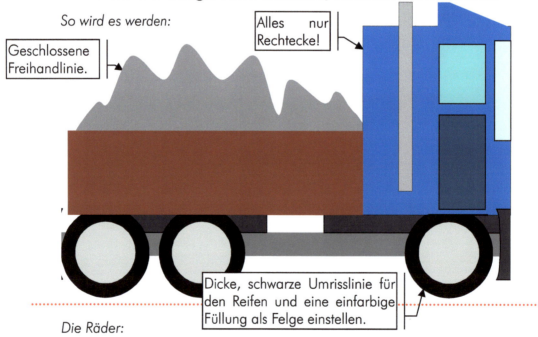

So wird es werden:

Geschlossene Freihandlinie.

Alles nur Rechtecke!

Dicke, schwarze Umrisslinie für den Reifen und eine einfarbige Füllung als Felge einstellen.

Die Räder:

- ➢ Einen **Kreis** (keine Ellipse! - mit dem Gitter geht das schon oder [Strg] dabei drücken) mit 0,4 m Durchmesser zeichnen.
- ➢ Ist das eine Rad fertig gestellt, dieses mit der rechten Maustaste auf der Hilfslinie entlang zweimal **kopieren**, ggf. Räder nach hinten setzen.

8. Quadrate, Kreise, Formen

8.1 Quadrate und Kreise

Wir haben bereits Quadrate und Kreise mit der [Strg]-Taste erzeugt (s. S. 48).

- ♦ Mit gedrückter **[Strg]-Taste** können Sie
  - ↳ Linien in 15°-Stufen und 45°, 90° usw. ziehen,
  - ↳ statt einer Ellipse einen **Kreis** und
  - ↳ statt einem Rechteck ein **Quadrat** zeichnen.
- ♦ Wenn Sie die **[Umschalt]-Taste** gedrückt halten,
  - ↳ wird eine angefangene Ellipse oder ein Rechteck um den Anfangs-punkt herum gezeichnet oder
  - ↳ die Größe von Elementen um den Mittelpunkt herum geändert,
  - ↳ mit **[Strg]+[Umschalt]** zeichnen Sie einen Kreis oder ein Quad-rat mit dem Anfangspunkt als Mittelpunkt.
- ♦ Soll ein Kreis präzise um eine Achse gezeichnet werden, kann dies er-reicht werden, indem als Anfangspunkt der Achsenschnittpunkt (=zukünftige Mittelpunkt) gewählt wird.
  - ↳ Zeichnen beginnen und **[Strg]+[Umschalt]** beim Zeichnen ge-drückt halten.

Sie müssen sich dies nicht merken, einfach probieren:

- ♦ Ellipse oder Rechteck beginnen, aber die linke Maustaste fest gedrückt halten und dann probieren:
  - ↳ [Strg] oder [Umschalt]-Taste oder beide?
  - ↳ Sie sehen die Wirkung am Bildschirm, sobald Sie die gedrückte Maus etwas bewegen!

> Linke Maustaste **gedrückt halten** und probieren!
>
> Wenn Sie Elemente mit gedrückter linker Maustaste verschieben bzw. mit zusätzlichem rechtsklick kopieren wollen, hilft es, am Eck anzufas-sen, damit diese auf dem Gitterraster bleiben.

[Strg] =
Kreis,
Quadrat;
senkrecht.

[Umschalt]=
um
Anfangs-
punkt.

53

8.1.1 Übung

> ➢ **Neue Zeichnung** mit DIN A5 quer beginnen.

> ➢ Als „Quadrate und Kreise" **speichern**.

> ➢ **Zeichnen** Sie für die waagerechte Anordnung mit einer Hilfslinie:

> ➢ Nehmen Sie für diese Übung ein **Gitter** mit 10 mm Abstand zu Hilfe und zeichnen Sie einen Karostreifen:

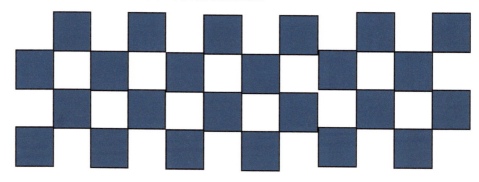

Jetzt kommt eine schon ganz schön schwierige Übung:

> ➢ Die Füllung wird erzeugt, indem der äußere, größte Kreis mehrfach nach innen kopiert wird,

>   ✎ dabei die **[Umschalt]-Taste** gedrückt halten, damit die kopierten Kreise automatisch den gleichen **Mittelpunkt** erhalten.

> ➢ Anschließend jeden Kreis mit der gewünschten Farbe füllen.

>   **[Umschalt] = um den Mittelpunkt verkleinern.**

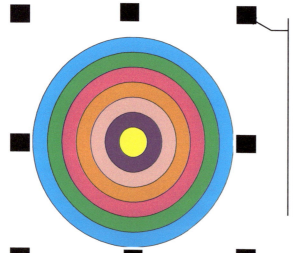

Äußeren Kreis zeichnen, dann den **Anfasserpunkt** am Eck anfassen und verkleinern.
Dabei die **rechte Maustaste** klicken, um das Kopieren einzuleiten, und durch gedrückte **[Umschalt]-Taste** um den Mittelpunkt verkleinern.
Als Abschluss jedem neuen Kreis gleich eine andere Füll- und Linienfarbe zuweisen.

Kein Problem, wenn Sie die **rechte Maustaste sofort während der Bewegung klicken + linke Maustaste gedrückt halten** - dann haben Sie beliebig viel Zeit, um die Tasten auszuprobieren.

54

8.2 Polygon, Spirale, Gitter

Corel bietet noch Spezialformen, die Sie unter den Symbolen für Rechtecke und Kreise finden. Zeichnen Sie damit folgendes:

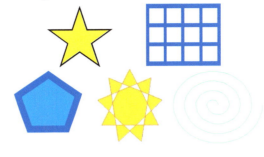

Mit der Voreinstellung zeichnen, dann können Sie jedes dieser Elemente per Maus oder in der **Eigenschaftsleiste** einstellen. Damit lassen sich z.B. Dreiecke (=drei Ecken), Achtecke oder Sterne einstellen:

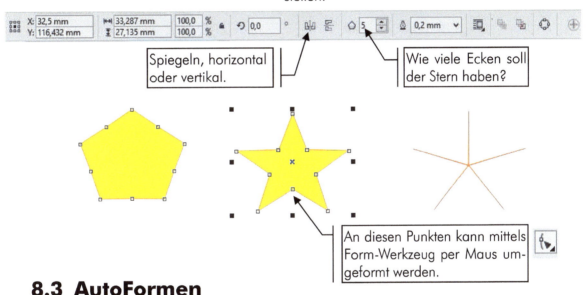

Spiegeln, horizontal oder vertikal.

Wie viele Ecken soll der Stern haben?

An diesen Punkten kann mittels Form-Werkzeug per Maus umgeformt werden.

8.3 AutoFormen

Auch im Corel gibt es vorgefertigte Standardformen, z.B. für einen Blitz, einen Pfeil oder diverse Sterne oder Sprechblasen – ähnlich wie die AutoFormen in MS Word.

> Bei den Vielecken, Abb. siehe oben, finden Sie die Formen (Grundformen, Pfeilformen usw.). Eine Form-Art wählen, dann können Sie in der Eigenschaftsleiste mehr auswählen:

Links eine Gruppe, dann in der Eigenschaftsleiste das gewünschte Element wählen.

Natürlich lassen sich diese Formen auch nachträglich **umformen**. Beachten Sie die Anfasserpunkte.

55

9. Lineal, Nullpunkt, Gruppieren

Hilfreich ist es manchmal, den Nullpunkt passend zu verlegen, bei einem Rad z.B. in die Mitte. Oder statt im Kopf umzurechnen den Maßstab von vornherein passend einzustellen.

9.1 Lineal und Nullpunkt

Um bei einer Zeichnung die Maße angeben zu können, wird irgendwo ein **Nullpunkt (0, 0)** gesetzt und von diesem waagerecht (X-Achse) und senkrecht (Y-Achse) weiter gezählt.

(0, 0)

Im Corel können im Lineal (oben und links am Bildschirm) die **Koordinaten** abgelesen werden. Und je nach Zeichnung ist es manchmal sinnvoller, in der Mitte mit 0 anzufangen, manchmal unten links.

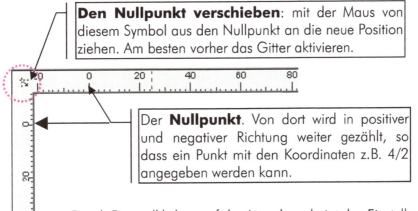

Den Nullpunkt verschieben: mit der Maus von diesem Symbol aus den Nullpunkt an die neue Position ziehen. Am besten vorher das Gitter aktivieren.

Der **Nullpunkt**. Von dort wird in positiver und negativer Richtung weiter gezählt, so dass ein Punkt mit den Koordinaten z.B. 4/2 angegeben werden kann.

- ◆ Durch Doppelklicken auf das Lineal erscheint das Einstellmenü.
  - ↳ In diesem Menü könnten Sie die **Einheit für das Lineal** z.B. auf Meter oder Zoll umstellen oder bei Ursprung die Startposition (0,0) angeben,
  - ↳ z.B. wenn Sie bei DIN A5 quer horizontal 210 eingeben, ist 0 auf der rechten Seite.

Wenn Sie auf die Schaltfläche **Skalierung bearbeiten** drücken, erscheint ein weiteres Fenster, in welchem Sie einen **Maßstab** vorgeben können:

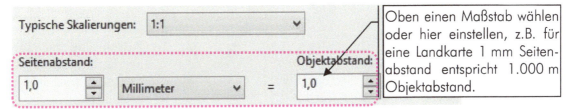

Oben einen Maßstab wählen oder hier einstellen, z.B. für eine Landkarte 1 mm Seitenabstand entspricht 1.000 m Objektabstand.

57

9.2 Übung Eisenbahnrad

Wir wollen ein Eisenbahnrad entwerfen. Vorbereitungen:

➤ Beginnen Sie eine neue Zeichnung, Format **100x100 cm**.

    ✎ Zuerst bei Einheiten Zentimeter wählen:

➤ Doppelklicken auf das Lineal und den **Ursprung** bei 50, 50 cm setzen, damit dieser genau in der Blattmitte liegt.

    ✎ Anschließend mittels der Lupe die Ansicht „Ganze Seite" wählen, um das Ergebnis zu sehen.

➤ Gitter alle 5 cm setzen sowie **Ausrichten** an Gitter und Hilfslinien einschalten, **an Pixel ausrichten abschalten!**

➤ Setzen Sie eine horizontale Hilfslinie bei 0 und eine vertikale bei 0, da der Ursprung 0,0 jetzt in der Seitenmitte liegt.

Jetzt geht das Zeichnen ganz einfach:

➤ Zeichnen Sie einen großen Kreis.

    ✎ Den Anfangspunkt genau in der Mitte setzen, dann wird bei gedrückter **[Strg]+[Umschalt]-Taste** der Kreis um den Mittelpunkt gezogen.

➤ Den kleineren Kreis können wir nicht einfach zeichnen, da wir den ersten Kreis verschieben würden. Daher kopieren wir den ersten Kreis und verkleinern diesen dabei:

    ✎ anklicken, Eckanfasser anfassen und verkleinern, rechte Maustaste für Kopieren kurz klicken, [Umschalt] noch drücken, Zielposition suchen und linke Maustaste loslassen.

➤ Beide Kreise markieren, dann kombinieren und Füllfarbe zuweisen.

➤ Genauso die kleinen Achskreise zeichnen. Hier wäre Kombinieren nicht nötig, da beide Kreise einfach farbig gefüllt werden können, sofern der kleinere Kreis vorne liegt.

➤ Jetzt die erste waagerechte Speiche zeichnen und nach hinten setzen. Das Gitter ggf. mit [Strg]-Y abschalten.

Die erste Speiche wird beim Drehen kopiert:

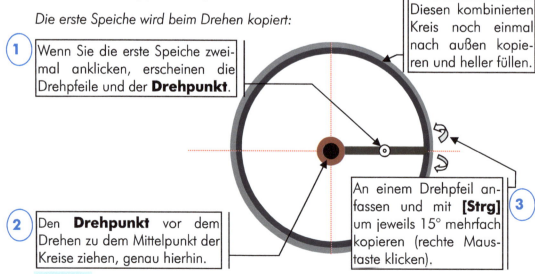

① Wenn Sie die erste Speiche zweimal anklicken, erscheinen die Drehpfeile und der **Drehpunkt**.

Diesen kombinierten Kreis noch einmal nach außen kopieren und heller füllen.

② Den **Drehpunkt** vor dem Drehen zu dem Mittelpunkt der Kreise ziehen, genau hierhin.

③ An einem Drehpfeil anfassen und mit **[Strg]** um jeweils 15° mehrfach kopieren (rechte Maustaste klicken).

58

9.3 Das Menü „Änderungen"

Aktionen mit der Maus gehen schnell, doch genauso schnell sind Elemente versehentlich verschoben. Wenn es präziser zugehen soll, bietet sich das Menü **Objekt-Änderungen-…** an (= Fenster-Andockfenster-Änderungen…).

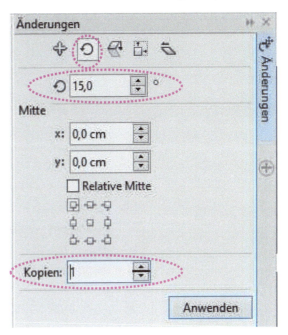

Sie können auf den verschiedenen Karteikarten alle Aktionen durchführen wie mit der Maus, nur dass Sie hier exakte Koordinaten eingeben. Das bietet zwei Vorteile:

♦ Es geht gemütlicher und Sie können Sie alle Aktionen rückgängig machen, auch nachdem Sie zahlreiche andere Befehle ausgeführt haben. Ein Beispiel:

  ↳ damit gezeichnet werden kann, ohne einen Hintergrund versehentlich zu verschieben, kann dieser vorübergehend um 300 mm in den Seitenrand verschoben werden. Wenn alles fertig ist, wird der Hintergrund um -300 zurückgeschoben.

Das Eisenbahnrad perfekt zeichnen:

➢ Mit **Rückgängig** die zur Übung mittels Maus gedrehten Speichen löschen, dann die ersten Speiche (der Drehpunkt ist bereits in der Mitte des Rades) mit Objekt-Änderungen-Drehen drehen.

  ↳ Wenn der **Drehwinkel** nicht passt, **rückgängig** und mit anderem Winkel erneut probieren.

Nieten ergänzen:

➢ Das geht so gut, dass wir genauso eine Niete zeichnen (stark vergrößern), deren Drehpunkt in die Mitte des Rades verlagern und diese außen herum kopieren können.

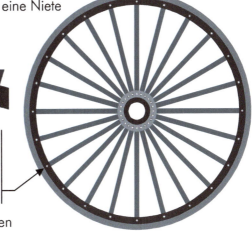

Auch Nieten (radial gefüllte Kreise) können gezeichnet und mit **Anordnen-Änderungen-Drehen** um den Mittelpunkt herum vervielfältigt werden.

➢ Anschließend alles mit einem großen Auswahlrahmen oder [Strg]-a markieren und **gruppieren**.

➢ Speichern Sie das Rad als „Eisenbahnrad", denn wir werden dies später in der Zeichnung Lokomotive einfügen.

59

9.4 Gruppieren

Komplizierte Zeichnungen sind kein Problem, wenn diese in kleine Gruppen aufgeteilt werden. Sobald z.B. ein Rad fertig ist, wird dieses zu einem Element gruppiert und kann dann beliebig oft eingefügt werden.

Vorteile des Gruppierens:

♦ Leichtes Kopieren oder Verschieben, da nur ein Objekt gewählt werden muss.

♦ Es besteht keine Gefahr mehr, versehentlich ein kleines Teil wie die Nieten zu verschieben oder zu löschen, während Sie weiterzeichnen.

Verschiedene Wege zum Gruppieren:

♦ Gruppieren können Sie per Symbol, im Menü (**Objekt-Gruppieren**), in der **Eigenschaftsleiste** oder mit **[Strg]-G**.

    ✥ Gruppieren ist nur möglich, wenn zuvor **mehrere Elemente markiert** wurden.

    ✥ Wenn statt Gruppieren „**Gruppierung aufheben**" aktiv ist, wurde bereits gruppiert.

Gruppieren zum Zusammenfassen.

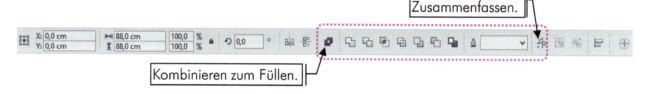

Kombinieren zum Füllen.

*Wenn Sie ein Element einer Gruppe **erneut bearbeiten** wollen:*

♦ bei gedrückter **[Strg]-Taste** können einzelne Elemente aus einer Gruppe markiert und einzeln bearbeitet werden.

    ✥ Wenn Sie z.B. eine andere Farbe zuweisen wollen, müssen Sie die [Strg]-Taste zum Aufnehmen der Farbe loslassen.

♦ Oder die **Gruppierung aufheben**, Elemente wie gewohnt bearbeiten und anschließend neu gruppieren. Letzteres ist bei umfangreichen Änderungen zu empfehlen.

9.4.1 Übung Blume

Wir machen eine ähnliche Übung wie das Eisenbahnrad.

➢ Zeichnen Sie einen **Kreis** und eine Ellipse für ein Blatt, das Ganze soll eine Blume geben.

➢ Drehen Sie die Ellipsen wie Blütenblätter um die Blume. Vor dem Drehen den Drehpunkt wieder in die Mitte schieben.

➢ Anschließend alles mit einem großen Auswahlrahmen oder [Strg]-a markieren und **gruppieren**.

➢ Markieren Sie bei gedrückter **[Strg]-Taste** einzelne Blätter aus der Gruppe und ändern Sie die Farbe.

Der **Kreis** in der Mitte wurde nach hinten gesetzt.

10. Text und Symbole

10.1 Textbearbeitung in Corel

➢ Neue Zeichnung A4quer, dann das **Textwerkzeug (A)** wählen.

Jetzt müssen Sie dem Computer noch sagen, an welcher Stelle Sie den Text platzieren wollen. Denn wir haben ja ein Zeichen- und kein Textprogramm und können den Text an jede beliebige Stelle setzen.

➢ In der Zeichnung an der gewünschten Stelle **klicken**, **Mustertext** schreiben und

➢ diesen Beispieltext einige Male **kopieren**, um Übungsmaterial zu erhalten. Text können Sie wie jedes andere Objekt kopieren, z.B. so:

★ Mit dem Auswahlpfeil anfassen, verschieben und dabei mit der rechten Maustaste mehrfach kopieren.

10.1.1 Text mit der Eigenschaftsleiste einstellen

Der Text kann nun auf zwei Arten eingestellt werden. Die einfachste Möglichkeit, da wie in einem Textverarbeitungsprogramm, bietet die **Eigenschaftsleiste**.

➢ Wenn Sie einen Text anklicken, finden Sie diese Symbole für die Textformatierung in der Eigenschaftsleiste:

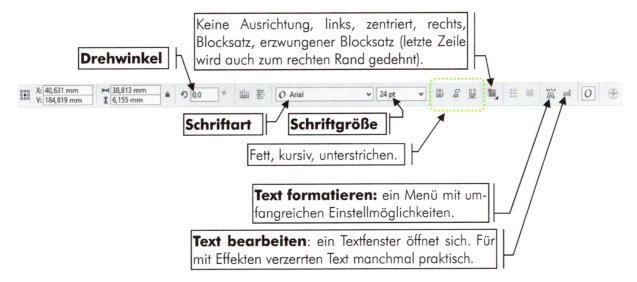

Wenn Sie nicht den gesamten Text einstellen wollen, mit dem Textwerkzeug und gedrückter Maustaste entsprechende Textstellen markieren.

61

10.1.2 Text mit dem Auswahlpfeil ändern

Der Text ist nun ein **Objekt** wie ein Rechteck oder eine Linie, darum können Sie den Text ebenso bearbeiten:

♦ Mit dem Auswahlwerkzeug **einmal anklicken**,

    ↳ um die **Textgröße** an den Anfasserpunkten zu ändern oder

    ↳ den Text anzufassen und **verschieben** (möglichst den Text treffen, auf keinen Fall die Anfasserpunkte) oder

    ↳ beim Verschieben zwischendurch die rechte Maustaste drücken, um den Text zu **kopieren**.

♦ Mit dem Auswahlwerkzeug den Text **noch einmal anklicken**, dann können Sie:

den Text an den Pfeilen in der Mitte parallel verzerren (z.B. kursiv stellen).

Der **Drehpunkt** kann auch mit der Maus verschoben werden.

Den Text an den Eckpfeilen **drehen**.

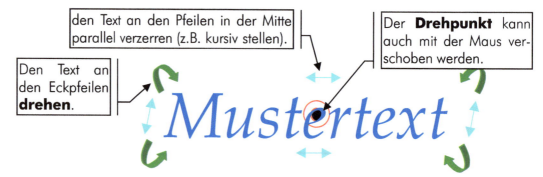

So sollte es werden:

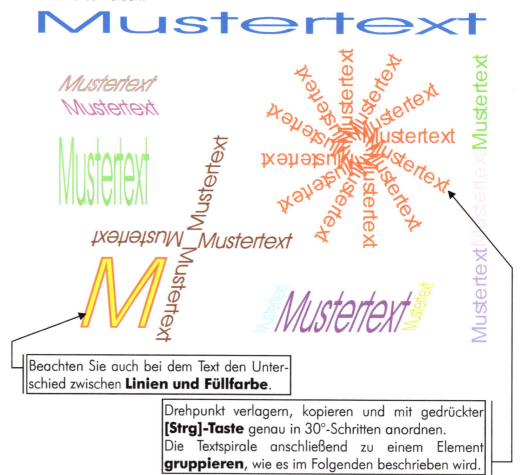

Beachten Sie auch bei dem Text den Unterschied zwischen **Linien und Füllfarbe**.

Drehpunkt verlagern, kopieren und mit gedrückter **[Strg]-Taste** genau in 30°-Schritten anordnen.
Die Textspirale anschließend zu einem Element **gruppieren**, wie es im Folgenden beschrieben wird.

Doppelklicken auf Text schaltet zum Textwerkzeug um!

10.2 Übung Solar

Als Abschluss der Grundlagen für das Zeichnen nun eine Übung mit Linien, einem Kreis und Text. Malen Sie folgenden Briefkopf, vorher Gitter und Hilfslinien einrichten:

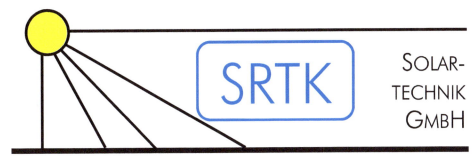

Vorbereitung:

➤ Neue Zeichnung, *Seite* einrichten mit 21cm Breite und 5 cm Höhe, Gitter passend einstellen, zwei Hilfslinien und Ausrichten einschalten.

Kreis und Linien:

➤ Erstellen Sie den **Kreis** ([Strg]-Taste), diesem eine gelbe Füllung und schwarze, etwas dickere Linie zuweisen.

➤ Malen Sie die **Linien**. Damit die Linien horizontal, bzw. im richtigen Winkel sind, die **[Strg]-Taste** beim Ziehen der Linien drücken.

➤ Alles bisher Gezeichnete mit dem Auswahlpfeil 🔼 markieren und **gruppieren**.

    ★ Hinweis: wenn mehrere Objekte ausgewählt sind, erscheint das Symbol Gruppieren in der Eigenschaftsleiste.

Beachten Sie die Meldung unten in der Statuszeile, sobald Sie das Gruppierte anklicken: „Gruppe von XX Objekten auf Ebene 1".

Text im Rahmen:

➤ Solartechnik GmbH mit dem Textwerkzeug schreiben, mit der Maus anordnen und auf die richtige Größe bringen.

➤ Dann den Text SRTK mit dem Textwerkzeug schreiben.

➤ Ein **Rechteck** mit blauer Linie und Eckenrundung zeichnen. Für die Eckenrundung finden Sie in der Eigenschaftsleiste diese Regler.

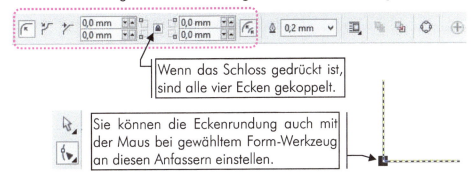

➤ Abschließend das Rechteck zu SRTK ziehen und auf die richtige Größe mit der Maus einstellen.

10.3 Die Symbolschriften

Dem Windows sowie Corel-Programmpaket sind Schriften beigefügt, die statt Buchstaben Bildchen enthalten. Von diesen Schriften wurden nur Beispiele auf Ihrem Rechner installiert, da installierte Schriften Arbeitsspeicher belegen.

♦ Das **Symbolmenü** können Sie mit **[Strg]-[F11]** oder mit dem Befehl **Text-Zeichen einfügen** öffnen.

Es erscheint rechts ein Andockfenster:

Mit diesen Pfeilen ▸▸ kann die Symbol-leiste aus-, bzw. eingeblendet, rechts mit dem X ganz abgeschaltet werden.

Hier die **Schrift** wählen.
Am besten beim ersten Mal in Ruhe durchblättern und anschauen, welche Schriften vorhanden sind (beachten Sie Webdings und Wingdings),

dann mit der Maus das gewünschte Symbol in die Zeichnung **ziehen** (beachten Sie rechts die Bildlaufleiste für noch mehr Auswahl).

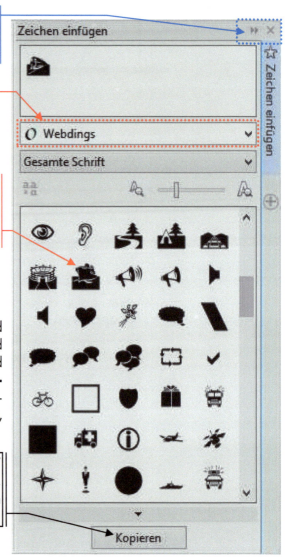

Interessante Schriften: **Yu Gothic** und **Yu Mincho** mit Bruchzahlen und Sonderzeichen, **Wingdings** und **Webdings**, **Symbol**, **MS Reference Speciality**. Schriften mit chinesischen **Zeichen: DF**, **Gungsuh**, **KaiTi**, **MingLiU** und **MS Mincho**.

Oder Bild anklicken, „**Kopieren**" und dann in der Zeichnung einfügen, geht auch mit dem Textwerkzeug in einen Text.

Symbole in Text integrieren:

Diese Spezialzeichen können auch aus diesem Corel-Menü **in einen Text platziert** werden: wenn der Text mit dem Textwerkzeug geöffnet ist (Cursor blinkt an der gewünschten Stelle) auf das Symbol **Doppelklicken**.

Dann wird das Sonderzeichen in den Text eingefügt, folglich mit diesem wie ein normaler Buchstabe verschoben und geändert.

Nur die Schriftart dürfen Sie nachträglich nicht mehr ändern, weil die neue Schriftart auch für das Sonderzeichen gilt. Dann das Symbol noch einmal einfügen oder diesem die Symbolschrift erneut zuweisen.

Dritter Teil

Farben

und Füllungen, ClipArts, Fotos

———————

Symbole anders angeordnet?
Fenster-Arbeitsbereich-
Klassisch

11. Einfarbige Füllungen

11.1 Übersicht Füllung wählen und einstellen

- ♦ Sie können Farben aus der Farbpalette wählen: Objekt markieren und mit der linken Maustaste die Füll-, mit der rechten die Linienfarbe ändern.

- ♦ Für genauere Farbauswahl oder spezielle Farbfüllungen gibt es zwei Symbole in der Hilfsmittelpalette:

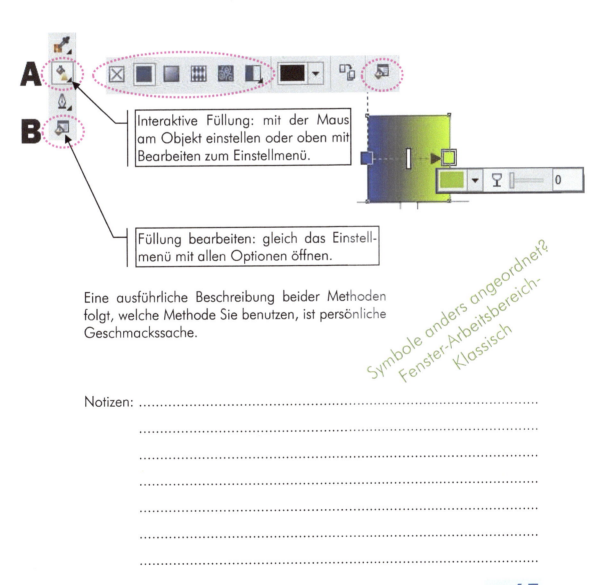

Interaktive Füllung: mit der Maus am Objekt einstellen oder oben mit Bearbeiten zum Einstellmenü.

Füllung bearbeiten: gleich das Einstellmenü mit allen Optionen öffnen.

Eine ausführliche Beschreibung beider Methoden folgt, welche Methode Sie benutzen, ist persönliche Geschmackssache.

Symbole anders angeordnet? Fenster-Arbeitsbereich-Klassisch

Notizen: ....
....
....
....
....
....
....

67

11.2 Die Voreinstellung ändern

Bevor wir Farben einstellen, ein kleiner Hinweis. Wenn **nichts markiert** ist, geht Corel davon aus, dass Sie die **allgemeinen Voreinstellungen** ändern wollen. Zwei Beispiele sollen dies verdeutlichen.

♦ Wenn **nichts markiert** ist und Sie eine Farbe anklicken, könnten Sie diese Farbe als Voreinstellung für alle neuen Objekte bestimmen.

♦ Wenn **nichts markiert** ist und Sie wählen eine Liniendicke aus dem Linienmenü (Stiftsymbol), würden alle Linien zukünftig mit dieser Dicke gezeichnet werden.

♦ Das geht beliebig weiter, z.B. wenn Sie eine andere Schriftart wählen, ohne dass ein Text gewählt ist, könnten Sie diese Schriftart als Voreinstellung speichern.

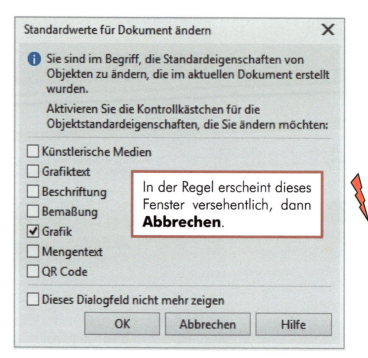

Es gilt folglich bei jeder Aktion: wenn nichts gewählt ist, ändern Sie die Voreinstellung, wenn Sie das erscheinende Fragefenster mit **ja** bestätigen!

♦ Wenn Sie mit OK die Voreinstellungen ändern, gilt dies nur für die aktuelle Zeichnung.

♦ Bei **Extras-Optionen**, dann links **Dokument**, können Sie Voreinstellung auch für alle neuen Zeichnungen speichern.

Sie können dies nicht durch Rückgängig, sondern nur durch den umgekehrten Vorgang zurücksetzen, z.B. wieder Linienfarbe schwarz, Füllfarbe ohne wählen, ohne dass etwas markiert ist.

11.3 Die Farbpalette

> ➤ Öffnen Sie die Übung Pyramide Quadrate, damit Sie das beschriebene in diesem Theoriekapitel etwas ausprobieren können.

Wenn viele Farben gewählt werden sollen, ist es praktisch, die **Farbpalette** in die Mitte der Zeichnung zu ziehen.

So sind alle Farben leicht wählbar:

An diesen drei Punkten anfassen und in die Mitte ziehen.

Zurück: oben anfassen und mit der Maus zurückziehen, bis der grau hinterlegte Positionsrahmen erscheint.

Wie jedes Fenster kann auch die Farbpalette an den Rändern in der Größe geändert werden.

- ◆ Bei **Fenster-Farbpaletten** können Sie eine andere Farbpalette einschalten, die automatisch wieder rechts angeordnet wird.

Statt mit den Paletten können Sie auch jede Farbe manuell einstellen.

11.4 Farben einstellen

Noch etwas Theorie. Füllfarben weisen Sie bisher über die Farbpalette oder über das Füllungsmenü zu.

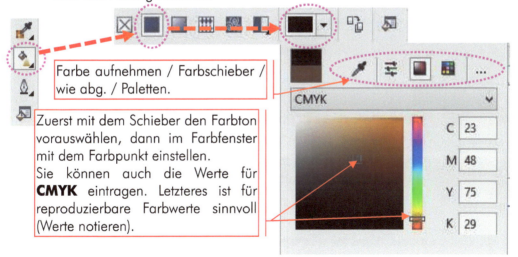

Farbe aufnehmen / Farbschieber / wie abg. / Paletten.

Zuerst mit dem Schieber den Farbton vorauswählen, dann im Farbfenster mit dem Farbpunkt einstellen.
Sie können auch die Werte für **CMYK** eintragen. Letzteres ist für reproduzierbare Farbwerte sinnvoll (Werte notieren).

*Wichtige **Farbmodelle**:*

- ◆ CMYK, das Farbmodell von Vierfarbdruckern, u.a. also von allen Tintenstrahldruckern. Es bedeutet: C=CYAN, M=MAGENTA, Y=YELLOW, K=BLACK.

- ◆ RGB ist das Farbschema von jedem Bildschirm. Alle Farben werden aus den Grundfarben ROT, GRÜN und BLAU gemischt.

  - ↳ RGB ist ein sogenanntes additives Farbschema, weil alle Farben zusammen weiß bilden (Licht wird gemischt), während bei CMYK alle Farben Schwarz, keine Farbe Weiß ergibt (= subtraktives Schema).

69

11.5 Genormte Farbpaletten

Auch bei den Farbpaletten gibt es einige zur Auswahl. Schalten Sie im vorigen Menü zu den Paletten um oder bei dem **Farbeimer** die erste Option für **gleichmäßige Füllung** wählen:

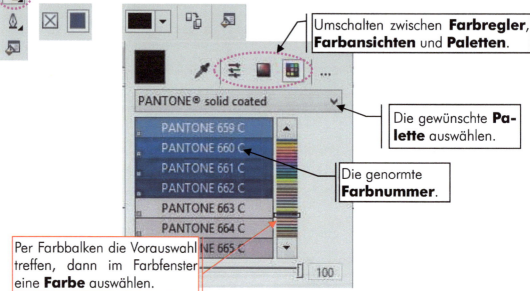

Umschalten zwischen **Farbregler**, **Farbansichten** und **Paletten**.

Die gewünschte **Palette** auswählen.

Die genormte **Farbnummer**.

Per Farbbalken die Vorauswahl treffen, dann im Farbfenster eine **Farbe** auswählen.

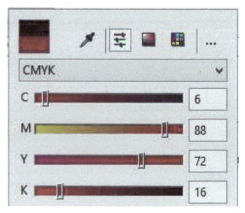

- ♦ Bei **Farbregler** können Sie Farben selbst zusammenstellen,

- ♦ bei **Farbansichten** finden Sie das Farbauswahlmenü vom vorigen Kapitel 11.4.

Über die Paletten:

- ♦ **Paletten** sind genormte Farbpaletten, welche Maler und Drucker verwenden, damit Farben exakt reproduzierbar sind, z.B.:

  - ✎ nach dem Focoltone-Farbschema genormte Farben verwenden Sie, wenn Sie Ihre Raufasertapete streichen.

  - ✎ Pantone-Farben: der Standard im Grafik- und Druckereiwesen, auch bei Innenausstattung, Kosmetik und Produktdesign verwendet.

- ♦ Mit **Fenster-Farbpaletten-Farbpaletten-Manager** wird ein übersichtliches Fenster mit den Farbpaletten geöffnet hier könnten Sie auch eine eigene Palette zusammenstellen.

*Die **Paletten** sind sehr wichtig, wenn eine Farbe genau stimmen soll:*

- ♦ Wechseln Sie den Maler oder die Druckerei, ist das Briefpapier oder die Visitenkarte wieder in der genau gleichen Farbe.

  - ✎ Wenn Sie im Corel diese Paletten verwenden und dem Drucker die Nummern angeben, passen die Farben wie geplant.

Die Verwendung der Farbpaletten ermöglicht identische Farben z.B. auf Visitenkarten, Briefköpfen, Firmenschilder, Anstrich usw.

70

12. Farbverlaufsfüllungen

Eine Spezialität von Corel sind die zahlreichen Füllmuster.

> ➢ Wir bleiben bei der Übung „Pyramide Quadrate" (s. S. 48).
> ➢ Wieder den **Farbeimer** „interaktive Füllung" wählen.

Dieses Auswahlfenster kennen Sie bereits. Jetzt zu den anderen Funktionen:

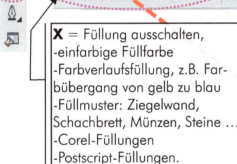

X = Füllung ausschalten,
-einfarbige Füllfarbe
-Farbverlaufsfüllung, z.B. Far-
bübergang von gelb zu blau
-Füllmuster: Ziegelwand,
Schachbrett, Münzen, Steine ...
-Corel-Füllungen
-Postscript-Füllungen.

Farbpunkt anklicken,
dann bei der Farb-
schaltfläche eine Farbe
bestimmen.

Probieren Sie die verschiedenen Füllungen aus:

Text kann
auch gefüllt
werden.

71

12.1 Farbverlaufsfüllung einstellen

Sie können eine Füllung jederzeit **ändern**. Probieren wir es aus. Die Farbverlaufsfüllung soll im -37°-Winkel verlaufen.

> Farbeimer, dann ein neues Rechteck anklicken und in der Eigenschaftsleiste ganz rechts Füllung bearbeiten:

Bei der Interaktiven Füllung (oben) könnte mit der Maus eingestellt werden oder oben in der Eigenschaftsleiste, bei Füllung bearbeiten (Farbeimer unten) erscheint ein Menü zum Einstellen.

Das können Sie im Menü der Farbverlaufsfüllung einstellen:

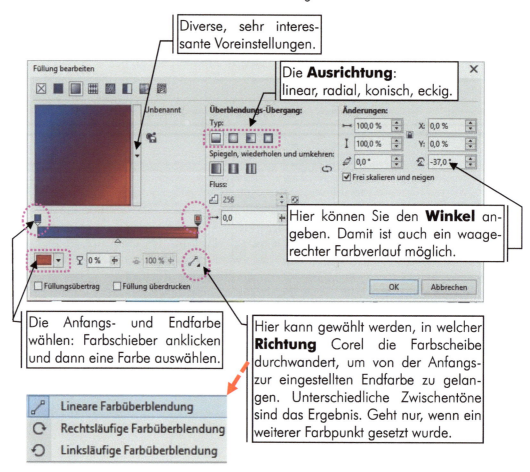

Diverse, sehr interessante Voreinstellungen.

Die **Ausrichtung**: linear, radial, konisch, eckig.

Hier können Sie den **Winkel** angeben. Damit ist auch ein waagerechter Farbverlauf möglich.

Die Anfangs- und Endfarbe wählen: Farbschieber anklicken und dann eine Farbe auswählen.

Hier kann gewählt werden, in welcher **Richtung** Corel die Farbscheibe durchwandert, um von der Anfangs- zur eingestellten Endfarbe zu gelangen. Unterschiedliche Zwischentöne sind das Ergebnis. Geht nur, wenn ein weiterer Farbpunkt gesetzt wurde.

Die Ausrichtung:

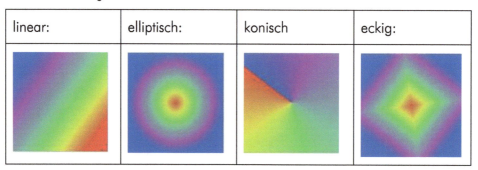

linear:	elliptisch:	konisch	eckig:

> Auch diese Füllung einem Quadrat zuweisen.

12.2 Mehrfarben-Füllung

Mit diesen Einstellmöglichkeiten für den Farbverlauf kann auch eine zwei- oder mehrfarbige Füllung erzielt werden.

Farbverlauf einstellen:

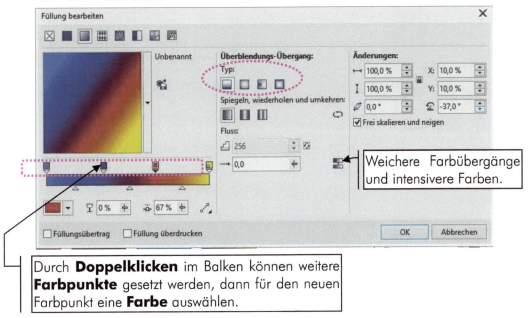

Durch **Doppelklicken** im Balken können weitere **Farbpunkte** gesetzt werden, dann für den neuen Farbpunkt eine **Farbe** auswählen.

- ◆ Nochmal Doppelklicken **löscht** einen Farbpunkt wieder.

- ◆ Auch die **Anfangs- und Endfarbe** kann an den quadratischen Kästchen am linken und rechten Ende des Balkens gewählt werden.

- ◆ Es können beliebig viele weitere Farbpunkte gesetzt werden. Für jeden Punkt kann eine Farbe bestimmt werden.

- ◆ Angeklickte Farbpunkte können mit der Maus verschoben werden.

Die voreingestellten **256 Farbstreifen** bewirken fließende Übergänge, da die feinen Streifen nicht zu erkennen sind. Mehr Streifen bewirken unnötigen Rechenaufwand, manchmal ist es jedoch erwünscht, die Zahl der Streifen absichtlich zu reduzieren, damit die einzelnen Farbstreifen sichtbar werden.

- ◆ Um die **Zahl der Streifen** ändern zu können, zuerst auf das Symbol daneben klicken (die drehenden Pfeile).

- ◆ Bei **Änderungen** kann die Größe des Farbverlaufs eingestellt werden, bei 80% bleiben die 20% am Rand mit der Anfangs- und Endfarbe ohne Farbverlauf.

- ◆ **Spiegeln**, **wiederholen** und **umkehren:**

Im Randbereich wird die Füllung noch einmal gespiegelt, wiederholt oder umgekehrt eingefügt. Daher ist die Wirkung nur bei einem Randabstand oder radialer, konischer und eckiger Füllung erkennbar.

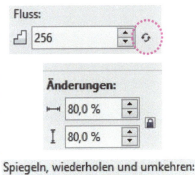

73

12.3 Übung Weihnachtskarte

Eine Übung mit vielen Farbverläufen. So sollte es werden:

➢ Verwenden Sie das Papierformat **Briefumschlag C5 quer**:

Malen Sie eine Baumkrone mit Polylinien (beim Stift):

➢ Erst grob zeichnen, am Ende zum Anfangspunkt: mit der Polylinie reicht einmal klicken zum Fortsetzen, Doppelklicken beendet,

➢ dann zur Korrektur das **Hilfsmittel Form** (zum Umformen) wählen und die Punkte passend verschieben.

➢ Abschließend eine grüne Füllung einstellen.

Den Baumstamm und den Schmuck:

➢ Malen Sie den **Stamm** mit brauner Füllung dazu - hierfür ist eine **Freihandlinie** mit gedrückter Maustaste günstiger – dann nach hinten setzen.

➢ Als letztes den Schmuck als gefüllte Kreise einmal zeichnen, dann mehrfach kopieren. Ideal: Farbverlaufsfüllung radial oder rechteckig oder eine Voreinstellung.

Normale Linie: mit Doppelklicken weiter, für den Anfangs- und Endpunkt einmal klicken. **Polylinie** einmal klicken zum Weiterzeichnen, Doppelklicken beendet.

Baum zu einem Element gruppieren und verdoppeln:

➢ **markieren** Sie den ganzen Baum, indem Sie mit dem Auswahlpfeil ein großes Rechteck um den ganzen Baum ziehen, dann **Gruppieren** (per Symbol oder Befehl bei Anordnen).

↪ Jetzt lässt sich der Baum leicht **kopieren** und auf die andere Seite schieben.

74

Die Geschenke:

➤ Zeichnen Sie die Geschenke, jedes mit einer anderen Füll- und Linienfarbe als gefüllte Rechtecke.

➤ Setzen Sie die Geschenke entsprechend nach vorn oder nach hinten. Abschließend Geschenke gruppieren.

➤ Im Beispiel wurde eine Grundform verwendet, selbstverständlich könnten Sie auch ein passendes Geschenk-ClipArt suchen und einfügen.

Text und Hintergrund:

➤ Den **Text** ganz normal mit dem Textwerkzeug schreiben und mit der Maus passend anordnen, ein Rechteck mit Farbverlaufsfüllung und Eckenrundung hinter den oberen Textblock,

➤ bei den **Grundformen** finden Sie das Banner und

➤ ein **großes Rechteck** um die ganze Zeichnung, dieses nach hinten setzen und einen ähnlichen Farbverlauf wie bei dem Rechteck hinter Frohe Weihnachten, nur mit vertauschten Farben, zuweisen.

12.4 Übung Pappenheimer

Erstellen Sie eine Vorlage für ein Türschild aus Aluminium.

Zeichnung vorbereiten:

➤ Neue Datei, Seitenformat DIN A 5 hoch. An Gitter ausrichten mit einer Gitterweite von 5 mm, jedoch noch nicht an Hilfslinien, da dann dies überwiegt und nicht mehr am Gitter ausgerichtet wird, wenn wir bei einer Hilfslinie beginnen.

➤ Setzen Sie die Hilfslinien als **Randbegrenzungen**.

Rechtecke kopieren:

➤ Zeichnen Sie das **erste Rechteck** und passen Sie dieses in der Größe an.

➤ Die **erste Reihe** durch Kopieren vervollständigen. Gegebenenfalls wieder löschen und die Größe des ersten Rechtecks ändern.

➤ Erste Reihe **Gruppieren** und nach unten dreimal kopieren,

➤ dann den ganzen Block Gruppieren und auf einmal zu dem zweiten Block kopieren.

➤ Den **Text** ergänzen, dabei Pappen- schreiben, an anderer Stelle klicken und heimer schreiben, wieder an anderer Stelle klicken und Manufaktur schreiben – jetzt können diese Grafiktexte mit der Maus angeordnet werden. Schriftgröße und Schriftart anpassen.

75

> ➢ Markieren Sie alle Rechtecke, dann eine Farbverlaufsfüllung ungefähr wie abgebildet zuweisen, anschließend den Text markieren und eine andere Farbverlaufsfüllung zuweisen.

> ↪ Schräge Farbverlaufsfüllungen sind auch sehr interessant, einfach einen Winkel einstellen.

Die anderen Füllungseinstellungen werden im Folgenden beschrieben.

Notizen: ....

....

....

....

....

12.5 Übung Lokomotive

Diese Zeichnung ist schon anspruchsvoll, in einem Kurs mit Unterstützung aber eine gute Übung, die zeigen soll, dass es gar nicht so schwierig ist, komplexe Zeichnungen zu erstellen.

➢ Neue Datei, bei Einheiten auf Meter umschalten und dann 30 Meter lang und 10 Meter hoch einstellen. Ganze Seite anzeigen und das Gitter auf je 0,2m stellen und aktivieren.

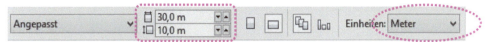

➢ Fast alles (Lokomotive, Fenster, Waggon …) ist einfach aus **Rechtecken** gezeichnet, die farbig gefüllt wurden:

↳ Lokomotive mit Farbverlauf Typ linear „schwarz-weiß-schwarz" horizontal, also um 90° gedreht, Schornsteine mit dem gleichen Farbverlauf vertikal, s. S. 73).

Mit Doppelklicken einen neuen Farbpunkt setzen und weiß wählen.

Anfangs- und Endfarbe schwarz wählen.

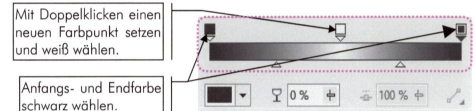

➢ Die Spitze, Hirschfang, die Sterne und den ersten Schornstein mit dem Werkzeug **Vieleck** erstellen, jeweils die Eckenzahl anpassen.

➢ Ein **Rad** haben wir bereits in einer separaten Zeichnung erstellt, die Übung finden Sie auf S. 58. Dieses Rad in diese Zeichnung kopieren.

➢ Am Ende für den Hintergrund zwei große Rechtecke zeichnen, das obere mit blauem Farbverlauf, das untere grün füllen und nach hinten setzen (Eigenschaftsleiste).

➢ Die Wolken mit der Freihandlinie oder Polylinie zeichnen. Hierfür Gitter ausschalten und Maus erst am Anfangspunkt loslassen, damit die Figur geschlossen ist und gefüllt werden kann.

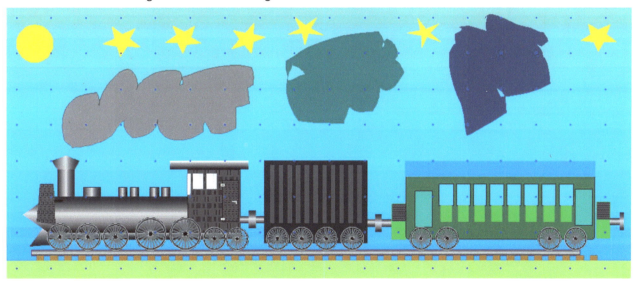

77

13. Muster- und Bitmap-Füllung

➢ Bei der Übung „Pyramide aus Quadraten" ein weiteres Rechteck markieren und bei dem Farbeimer die **Musterfüllungen** wählen.

Hier haben Sie drei Varianten:

♦ Bei **Vollfarben-Musterfüllungen** sind zahlreiche bunte Füllmuster

♦ Bei **Bitmaps** sind echte Fotos als Füllung verwendbar.

    ✎ Von Bitmap kommt die Dateiendung **bmp**, früher von Windows für die Windows-Hintergrundbilder verwendet.

bmp

    ✎ Damit ist klar, dass wir es hier mit einer Pixel-Füllung zu tun haben, die sich also aus Punkten zusammensetzt – mit allen Nachteilen wie gezackten Kanten.

♦ Die Füllmuster „**Zweifarben**" sind gemalte Muster aus nur zwei Farben im Gegensatz zu den bunten **Vollfarbe-Füllungen**.

    ✎ Die Voreinstellung bei Zweifarben ist Schwarz-Weiß, jedoch können Sie mit den Farb-Schaltflächen die Muster schön bunt machen.

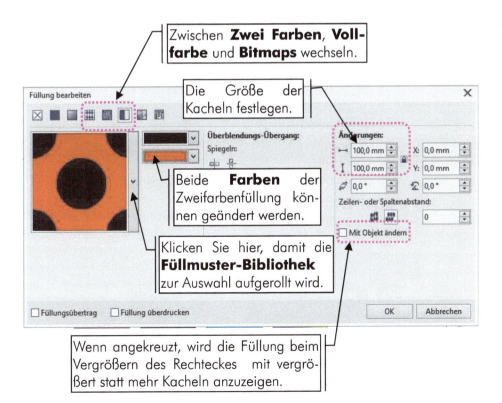

Zwischen **Zwei Farben**, **Vollfarbe** und **Bitmaps** wechseln.

Die Größe der Kacheln festlegen.

Beide **Farben** der Zweifarbenfüllung können geändert werden.

Klicken Sie hier, damit die **Füllmuster-Bibliothek** zur Auswahl aufgerollt wird.

Wenn angekreuzt, wird die Füllung beim Vergrößern des Rechteckes mit vergrößert statt mehr Kacheln anzuzeigen.

79

13.1 Vollfarb- und Bitmap-Musterfüllungen

In dem vorigen Menü können Sie statt zwei Farben auch zu Vollfarb- oder Bitmap-Füllmustern wechseln.

- ♦ **Vollfarbe**: farbig ausgemalte Füllungen.

- ♦ **Bitmap-Musterfüllung**: hier finden Sie eingescannte Fotos, z.B. diverse Gemüse, Münzen oder Tabletten.

Bitte selbst ausprobieren, zur Veranschaulichung einige Beispiele:

Zwei Farben   Vollfarbe   Bitmaps (Fotos)

13.1.1 Die Kachelgröße

Das Musterbild ist meist kleiner als das zu füllende Objekt. Darum wird die Füllung aus mehreren Bildern (Kacheln) zusammengesetzt.

Kachel

- ♦ Sie können bei **Füllungsbreite und -höhe** eine Kachelgröße genau vorgeben.

  - ↳ Solange das Schloss gedrückt ist, werden beide Dimensionen gleichzeitig geändert.

  - ↳ Bei üblichen „kleinen" DIN A4 oder A5 Zeichnungen ist die Kachelgröße meist zu reduzieren.

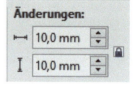

- ♦ Die Schaltfläche "**Mit Objekt ändern**" bewirkt, dass bei nachträglichen Größenänderungen die Füllung mit skaliert wird.

☐ Mit Objekt ändern

13.1.2 Bitmap-Muster laden

Die **Bitmap-Muster** sind gescannte **Fotos**. Darum kann auch jedes andere Bild als Füllung verwendet werden, z.B. vom Internet heruntergeladene Fotos, wenn Sie bei den Bitmap-Füllungen die Schaltfläche „Neue Füllung aus Datei" wählen:

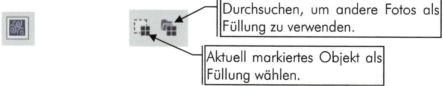

Durchsuchen, um andere Fotos als Füllung zu verwenden.

Aktuell markiertes Objekt als Füllung wählen.

- ♦ Bei **Extras-Erstellen-Musterfüllung** kann ein Bereich am Bildschirm ausgewählt und als neue Füllung abgespeichert werden.

Übung Bitmap-Muster importieren:

> ➢ Wählen Sie bei Bitmaps die Schaltfläche **Durchsuchen**. Jetzt können Sie jedes Bitmap-Bild einlesen.

> > ✎ Wählen Sie entweder ein Corel-Beispiel oder z.B. suchen Sie ein Bild auf Ihrem Rechner, dann dieses einem Quadrat zuzuweisen, ggf. die Kachelgröße anpassen.

> > ✎ Sie können auch Ihren Rechner oder beliebige CDs/DVDs nach Fotos absuchen. Dabei *.jpg als Suchwort eintragen.

> > ✎ Im **Windows Explorer** können Sie auch suchen lassen.

Sie können auf diese Art auch **Fotos**, z.B. die Beispielfotos von der Corel-DVD oder Corel online, verwenden.

Beachten Sie die Schaltfläche Importieren:

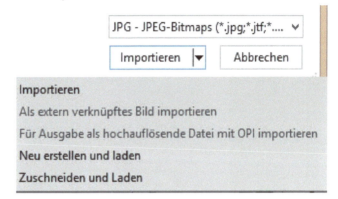

> ♦ **Importieren** importiert das gewählte Bild unverändert, d.h. mit der aktuellen Auflösung, die für Kachel-Füllungen zu hoch sein kann.

> ♦ Bei „**Neu erstellen und laden**" kann die Auflösung reduziert werden, sowohl die absolute Auflösung als auch die Druckauflösung in dpi, was für mehrfach einzufügende Bitmap-Füllungen sehr empfehlenswert ist, damit die Datei nicht riesengroß wird.

> ♦ Bei „**Zuschneiden und Laden**" kann ein Bildausschnitt gewählt werden (mit der Maus den Rahmen im Vorschaubild verkleinern und verschieben), um nur diesen als neue Füllung zu verwenden.

13.2 Füllung übernehmen

Wenn Sie die Füllung eines Objektes erneut aufnehmen möchten, um diese einem anderen Objekt zuzuweisen, geht das mit der Pipette. Die Anwendung ist, gewusst wie, ganz einfach, wobei das Auswahlmenü zu beachten ist:

> ♦ Mit der **Farbpipette** kann eine Farbe, jedoch kein Füllmuster, aufgenommen und dann auf einem anderen Objekt ausgegossen werden.

> ♦ Ein Füllmuster kann mit der **Eigenschaftenpipette** aufgenommen werden, hierfür auf der Farbpipette die Maustaste solange gedrückt halten, bis das Auswahlmenü aufklappt.

> ♦ Alternativ kann mit „Bearbeiten-Eigenschaften kopieren von" z.B. die Füllung eines Objektes kopiert werden: Zierobjekt markieren, dann „Bearbeiten-Eigenschaften kopieren von" wählen und das Quellobjekt mit dem Pfeil anklicken.

81

14. Corel-Füllmuster

Corel-Füllmuster sind die schönsten Muster dieser Sammlung, die z.B. hervorragend als Hintergrund für ein Buch-Titelblatt geeignet sind.

 ➢ Wählen Sie die Füllmuster. Wieder sind die Einstellmöglichkeiten sehr nützlich:

> Je nach Muster gibt es andere Einstellmöglichkeiten, z.B. die Farben wechseln oder bei Dichte eine feinere oder gröbere Struktur wählen.
> Besonders interessant sind die **Licht-, Schatten-** und **Helligkeitseinstellungen**.

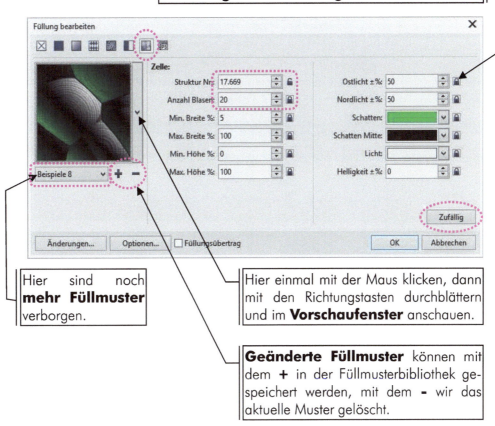

Hier sind noch **mehr Füllmuster** verborgen.

Hier einmal mit der Maus klicken, dann mit den Richtungstasten durchblättern und im **Vorschaufenster** anschauen.

Geänderte Füllmuster können mit dem **+** in der Füllmusterbibliothek gespeichert werden, mit dem **-** wir das aktuelle Muster gelöscht.

♦ Struktur-Nr. und Anzahl Blasen: durchklicken, um verschiedene Varianten dieses Musters aufzurufen, mit mehr oder weniger Blasen gibt es unzählige Möglichkeiten für neue Füllmuster.

♦ Interessant ist auch die Schaltfläche Zufällig, die mit zufällig geänderten Einstellungen neue Varianten erzeugt.

83

14.1 ClipArts oder Fotos einfügen

Bei Corel X6 gibt es meist nur eine DVD, die alles enthält, was früher auf drei bis vier CDs aufgeteilt war. Sie können ClipArts und Fotos von dieser DVD oder von der Online-Bibliothek einfügen.

♦ Bereits auf Ihrer Festplatte gespeicherte Fotos können mit **Importieren** in die aktuelle Zeichnung eingefügt werden oder mit dem Hilfsprogramm **Corel Connect** Corel-Inhalte online herunterladen oder ganz einfach über den **Windows Explorer**.

Den Windows Explorer sollten Sie schon gut kennen, wir verwenden hier darum das zu Corel gehörende Corel **Connect**, vor allem um auf die Online-Inhalte zugreifen zu können.

♦ **Connect** aus der Abrollliste bei dem links abg. Symbol oder Fenster-Andockfenster-Connect, dann bei der **Inhalte-Zentrale** z.B. **Fotos** oder **Cliparts** wählen und die Untermenüs aufklappen.

    ✎ Wählen Sie Clipart, auch hier können Sie die Ordner einblenden und zur Ansicht des Inhalts anklicken.

    ✎ Rechte Maustaste auf einem Foto oder ClipArt und Sie können dieses in CorelDRAW oder Photo-Paint importieren.

Corel Connect mit dem Ordner Bauernhof:

♦ Ganz oben links finden Sie Flickr, Fotolia oder iStock, das sind online-Fotobibliotheken, bei denen Sie sich kostenlos anmelden und auch eigene Fotos veröffentlichen können.

    ✎ Anklicken und oben ein Suchwort eintragen, zahlreiche Bildtreffer werden angezeigt, können allerdings nur mit copyright-Vermerk importiert werden, um Fotos ohne diesen Vermerk zu erhalten, muss man sich anmelden und für einige Fotos auch bezahlen.

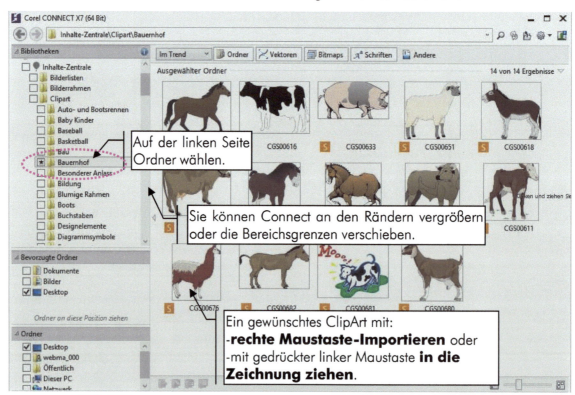

14.2 Übung Geburtstagseinladung

Eine einfache Übung. ClipArts einfügen, ggf. Größe anpassen, Text schreiben, Hintergrund ergänzen, fertig. Bei den unzähligen fertigen ClipArts ist es nur im professionellen Bereich erforderlich, selbst zu zeichnen.

➢ Neue Zeichnung DIN A4 quer. Bilder zu Festen finden Sie im Connect in dem Ordner „Besonderer Anlass", ziehen Sie passende ClipArts in die Zeichnung.

> Schauen Sie sich auch die anderen Bilderordner an, da die Ordnernamen noch fehlerhaft sind, bei „Leertaste" finden Sie z.B. Raumfahrtbilder oder Sportbilder bei „Jubel" und „Feld und Wiese".

14.2.1 Der Hintergrund über die ganze Seite

➢ Den **Hintergrund** über alles können Sie ganz einfach erstellen, indem Sie ein Rechteck genauso groß wie die Seite zeichnen, passend füllen und nach hinten setzen. Hier wurde eine vorgefertigte Farbverlaufsfüllung ausgewählt (Pfeil bei dem Vorschaubild).

♦ Wenn Sie den **Hintergrund** zuerst zeichnen, würden Sie, wenn Sie ein Element verschieben wollen, oft versehentlich den Hintergrund erwischen.

↳ Das kann folgendermaßen verhindert werden: rechte Maustaste auf dem Hintergrund-Rechteck, dann **Objekt sperren** wählen. Mit rechter Maustaste-Objekt entsperren wieder rückgängig.

♦ Mit dem Befehl **Layout-Seitenhintergrund** können Sie ein Foto als **Hintergrundbild** laden oder eine einfarbige Hintergrundfarbe bestimmen, aber keine Farbverlaufsfüllung.

↳ Gelegentlich praktisch ist hier die Option „**Hintergrund drucken und exportieren**". Wenn Sie dies deaktivieren, können Sie durch eine Hintergrundfarbe ein gefärbtes Papier am Bildschirm simulieren, ohne dass diese Farbe gedruckt werden würde.

85

14.2.2 Der hinterlegte Schatten

Jetzt erst folgt der Text, da wir unseren ersten Effekt anwenden, indem diesem ein Schatten zugewiesen werden soll, dessen Wirkung vor dem Hintergrund besser zu erkennen ist.

> ➢ Schreiben Sie den **Text** als zwei Textblöcke, beide dann getrennt wie abgebildet anordnen und einstellen.

> ➢ Dem Text eine passende Farbe oder Farbverlaufsfüllung zuweisen.

Bei Text ist ein hinterlegter Schatten schön, auch ein verlaufender Schatten ist realisierbar.

Das Auswahlmenü für die Effekte aufklappen und den hinterlegten Schatten wählen.

> ➢ Entweder vom Text beginnend mit gedrückter Maustaste einen Pfeil ziehen, der den Schatten provisorisch vorgibt oder oben in der **Eigenschaftsleiste** eine Voreinstellung, z.B. „mittleres Leuchten", wählen.

Mit der Maus am Beispieltext:

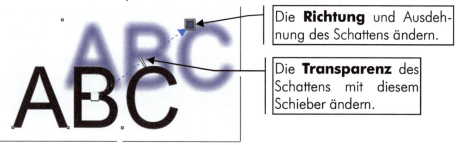

Die **Richtung** und Ausdehnung des Schattens ändern.

Die **Transparenz** des Schattens mit diesem Schieber ändern.

Die Eigenschaftsleiste für den hinterlegten Schatten:

Schön ist die Voreinstellung „**... Leuchten**".

Die Deckkraft des Schattens ist je nach Farbe anders zu wählen.

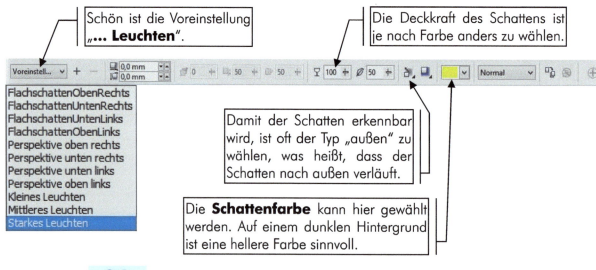

Damit der Schatten erkennbar wird, ist oft der Typ „außen" zu wählen, was heißt, dass der Schatten nach außen verläuft.

Die **Schattenfarbe** kann hier gewählt werden. Auf einem dunklen Hintergrund ist eine hellere Farbe sinnvoll.

86

14.3 ClipArts einfügen

Eine kleine Werbeanzeige:

➢ Neue Zeichnung, DIN A5 Hochformat.

➢ Importieren Sie ein geeignetes ClipArt, z.B. im Connect aus dem ClipArt-Ordner Lebensmittel, Größe anpassen und anordnen

☞ Ganz unten mit „Mehr aus Ausgewählte Ordner" können Sie noch mehr Objekte einblenden.

> Gitter einstellen und Hilfslinien als Seitenränder, um den Text bündig anordnen zu können.

> Ein leichter Schatten macht sich bei Text immer gut.

> ★ eine Ellipse ähnlich der rot punktierten zeichnen, dann hinter das ClipArt setzen (Anordnen-hinter),
> ★ Der Ellipse eine weiße Füllung zuweisen und diese leicht transparent, ca. 20%, einstellen. Somit wird der Hintergrund etwas ausgeblendet.

➢ Abschließend den Text ergänzen, anordnen und farbig füllen.

➢ Als Hintergrund wieder ein Rechteck so groß wie die Seite zeichnen und füllen, hier wurde ein radialer Farbverlauf zugewiesen.

87

15. Interaktive Menüs

Interaktiv heißt, dass Sie statt in einem Menü direkt mit der Maus am Objekt viele Einstellungen vornehmen können, z.B. die Richtung einer Farbverlaufsfüllung.

Mit der Maus können jedoch nur die wichtigsten Werte eingestellt werden, alle anderen Einstellmöglichkeiten finden Sie in der Eigenschaftsleiste.

15.1 Interaktive Füllmuster

Bei der interaktiven Füllung kann in der Eigenschaftsleiste alles vorher Beschriebene eingestellt werden. Damit lassen sich Füllungen sehr einfach zuweisen. Das ist hervorragend, jedoch zu viel für den Einstieg in die Füllungen, weshalb wir diese Funktion erst jetzt beschreiben.

> ➢ Neue Zeichnung, neues Rechteck zeichnen und Sie das Werkzeug interaktive Füllung wählen.

> ➢ Jetzt mit gedrückter Maustaste auf dem zu füllenden Objekt einen Farbverlauf vorgeben.

In der Eigenschaftsleiste werden nun diese Symbole angezeigt:

Hier die **Füllungsart** wählen, aktuell eine lineare Farbverlaufsfüllung. Sie finden hier auch die Bitmaps und Füllmuster.

Voreingestellte Füllmuster.

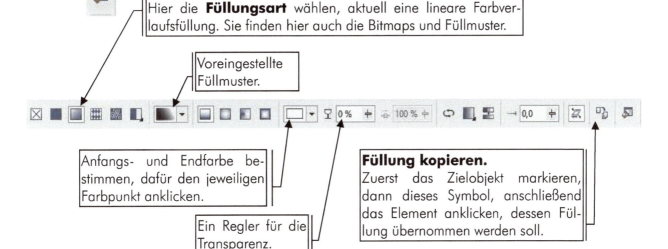

Anfangs- und Endfarbe bestimmen, dafür den jeweiligen Farbpunkt anklicken.

Ein Regler für die Transparenz.

Füllung kopieren.
Zuerst das Zielobjekt markieren, dann dieses Symbol, anschließend das Element anklicken, dessen Füllung übernommen werden soll.

Sie können entweder in der Eigenschaftsleiste oder mit der Maus am Objekt die Füllung einstellen. Je nach gewählter Füllung stehen andere Symbole zur Verfügung, die Sie aus dem vorherigen bereits kennen.

89

Mit der Maus einstellen:

Auch mit der **Maus** können Sie die **Anfangs- und Endfarbe** bestimmen, indem Sie ein Kästchen des Farbverlaufspfeils anklicken und eine Farbe aus der Farbpalette anklicken.

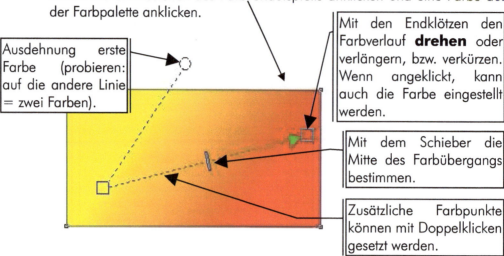

Ausdehnung erste Farbe (probieren: auf die andere Linie = zwei Farben).

Mit den Endklötzen den Farbverlauf **drehen** oder verlängern, bzw. verkürzen. Wenn angeklickt, kann auch die Farbe eingestellt werden.

Mit dem Schieber die Mitte des Farbübergangs bestimmen.

Zusätzliche Farbpunkte können mit Doppelklicken gesetzt werden.

15.2 Interaktive Maschenfüllung

Bei dieser Füllungsmethode wird ein Maschengitter in das ausgewählte Objekt gelegt. Dann kann in jeden Bereich eine Farbe gezogen werden. Ein Farbteppich entsteht.

➢ Ein neues Rechteck wählen oder zeichnen, dann auf der interaktiven Füllung die Maustaste gedrückt halten, bis das Auswahlmenü erscheint und zu der **Maschenfüllung** wechseln.

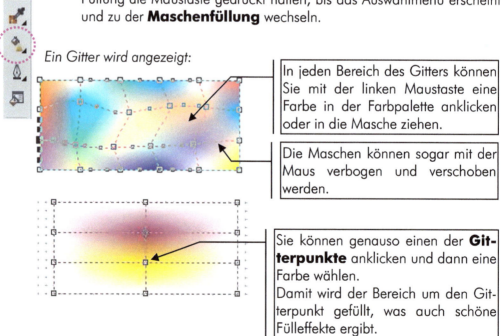

Ein Gitter wird angezeigt:

In jeden Bereich des Gitters können Sie mit der linken Maustaste eine Farbe in der Farbpalette anklicken oder in die Masche ziehen.

Die Maschen können sogar mit der Maus verbogen und verschoben werden.

Sie können genauso einen der **Gitterpunkte** anklicken und dann eine Farbe wählen.
Damit wird der Bereich um den Gitterpunkt gefüllt, was auch schöne Fülleffekte ergibt.

In der Eigenschaftsleiste werden die Einstellmöglichkeiten angezeigt:

Hier können Sie mehr oder weniger Gitterlinien einstellen.

Farbe der angeklickten Masche.

90

15.3 Interaktive Transparenz

Im Effekte-Menü finden Sie auch das Symbol für die interaktive Transparenz, damit die darunter liegenden Objekte durchschimmern.

> ➢ Zeichnen Sie ein neues Rechteck, dieses farbig füllen,
>
> ➢ dann noch eine **Ellipse** innerhalb dieses Rechtecks zeichnen und auch dieser eine **Füllfarbe** zuweisen,
>
> ➢ dann das **Transparenzwerkzeug** wählen und
>
> > ↪ entweder mit der **Maus** einen Transparenzpfeil innerhalb der Ellipse ziehen oder
> >
> > ↪ in der **Eigenschaftsleiste** eine Transparenz einstellen.

Bei der Transparenz können die Füllungen als Maske gewählt werden:

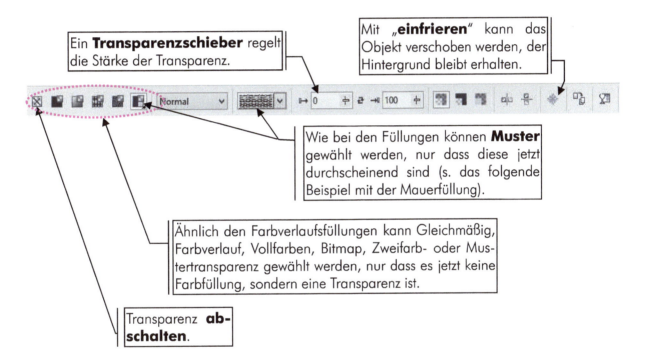

Ein **Transparenzschieber** regelt die Stärke der Transparenz.

Mit „**einfrieren**" kann das Objekt verschoben werden, der Hintergrund bleibt erhalten.

Wie bei den Füllungen können **Muster** gewählt werden, nur dass diese jetzt durchscheinend sind (s. das folgende Beispiel mit der Mauerfüllung).

Ähnlich den Farbverlaufsfüllungen kann Gleichmäßig, Farbverlauf, Vollfarben, Bitmap, Zweifarb- oder Mustertransparenz gewählt werden, nur dass es jetzt keine Farbfüllung, sondern eine Transparenz ist.

Transparenz **ab-schalten**.

Transparenz mit dem Zwei-Farben-Muster „Mauer":

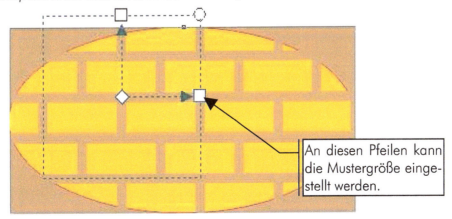

An diesen Pfeilen kann die Mustergröße eingestellt werden.

91

15.4 Fotos einfügen

Diese **interaktive Transparenz** ist besonders hervorragend, wenn **Fotos** verwendet werden, um ein Foto z.B. nach oben hin immer mehr durchschimmernd einzustellen.

Darum probieren wir dies gleich anhand einer neuen Übung. Auf Seite 84 haben Sie bereits ein ClipArt eingefügt. Genauso können Sie **Fotos** in Corel einfügen, am besten also aus dem Corel **Connect** in die Corel-Zeichnung ziehen, bzw. rechte Maustaste darauf, in Corel übernehmen.

➢ **Neue Übung**, dann im Connect **zwei ähnliche Fotos** in die Zeichnung ziehen und genauso groß wie das Blatt Papier anordnen, z. B. aus den Ordnern Blumen und „Unter Wasser". Wenn mit der rechten Maustaste- in Corel importieren eingefügt, wird das Bild immer in einer neuen Zeichnung eingefügt, dort ausschneiden und in der Zeichnung mit dem ersten Foto einfügen.

➢ Dann mit dem **Transparenzwerkzeug** einen provisorischen Transparenzpfeil ziehen, anschließend in der Eigenschaftsleiste die anderen Transparenzeinstellungen ausprobieren.

Die Transparenz durch einen Pfeil vorgeben.

Sie können den **Transparenzpfeil** anschließend beliebig verschieben oder an den Enden in der Länge ändern, wodurch der Übergang breiter oder schärfer wird.

Der **Schieber** in der Mitte gilt für den Mittelpunkt der Transparenz (50 % durchlässig).

➢ In der **Eigenschaftsleiste** können Sie statt linearer Transparenz auf andere Transparenzformen wie Gleichmäßig oder Radial oder Muster umschalten.

Hier wurde dem Hai-Bild eine Zwei-Farben-Transparenz zugewiesen.

Mit der kostenlosen Standard-Mitgliedschaft bleibt oft das Corel-Logo, so dass die Bilder nicht verwendbar sind.
Entweder die Premium-Mitgliedschaft bezahlen oder im Internet nach anderen Fotos suchen, Copyright dabei beachten!

92

Vierter Teil

Form

und Kurvenbearbeitung,
Textoptionen und Mengentext

Symbole anders angeordnet?
Fenster-Arbeitsbereich-
Klassisch

16. Kurvenbearbeitung

- ♦ Für den Mond oder die Figuren in der folgenden Übung brauchen wir das **Hilfsmittel Form** zum Umformen.

  ↳ Mit diesem Werkzeug können wir die Endpunkte von Linien oder die Punkte, an denen eine Kurve die Richtung wechselt, ändern.

Das wird bei den folgenden Übungen Schritt für Schritt deutlich. Bei dem Weihnachtsbaum von Seite 74 haben Sie bereits das **Hilfsmittel Form** angewendet.

16.1 Übung Party

Diese Übung ist ideal zum Üben des Kopierens mit der Maus einschließlich Gruppieren, vielen Füllungen und vor allem mit den ersten Kurven.

So wird es werden:

Für die **Sterne**, den **Mond** und die **Figuren** ist die **Kurvenbearbeitung** notwendig, eine hervorragende Funktion, mit der selbst schwierige Kurven Stück für Stück angepasst werden können.

Das ist eine **Farbverlaufsfüllung**. Damit wir eine Seite füllen können, wird ein normales **Rechteck** über die ganze Seite gezogen. Dann verdeckt das Rechteck zunächst alle anderen Objekte und muss **nach hinten gesetzt** werden. Damit wir dieses beim Zeichnen nicht versehentlich verschieben, entweder fixieren oder als letztes zeichnen.

95

Vorbereitungen:

> ➤ Neue Datei, DIN A5 quer, Gitter alle 5 mm,

> ➤ eine horizontale Hilfslinie für den Boden, damit alle Objekte auf der gleichen Höhe angeordnet werden können.

Die Lautsprecher:

> ➤ Zeichnen Sie ein Rechteck als **Lautsprecher-Gehäuse**:

>> ★ so breit, dass in der Mitte eine Gitterreihe ist, damit die einzelnen Lautsprecherchassis einfach in der Mitte gezeichnet werden können.

> ➤ Ein **Chassis** als Kreis mit dicker, andersfarbiger Linie zeichnen:

>> ★ Anfangspunkt in der Mitte und [Umschalt]-Taste drücken und eine Farbverlaufsfüllung radial zuweisen,

> ➤ zusätzlich ein ebenfalls radial gefüllter Kreis in der Mitte. Am besten den ersten Kreis mittig **kopieren**:

>> ★ Kreis an einem Eck-Anfasserpunkt anfassen, Größe ändern, dabei [Umschalt] gedrückt halten und unterwegs kurz die rechte Maustaste fürs Kopieren drücken.

>> ★ Linie für diesen kleinen Kreis einfach abschalten.

> ➤ **Gruppieren**, dann für die anderen Chassis kopieren und verkleinern.

> ➤ Ist ein **Lautsprecher** fertig, dem Gehäuse die Füllung zuweisen und komplett gruppieren. Den zweiten Lautsprecher nicht neu zeichnen, sondern kopieren.

16.2 Die Sterne – Wendepunkte verschieben

> ➤ 1) Einen **Stern** zeichnen: Gitter abschalten, Anfangs- und Endpunkt einmal klicken, sonst Doppelklicken.

> ➤ 2) Jetzt mit dem **Form**-Werkzeug die Eckpunkte verschieben, bis der Stern halbwegs wie ein Stern aussieht (das geht auch mit dem Auswahlpfeil).

> ➤ Füllung zuweisen, dann Stern mehrfach kopieren und jeweils etwas drehen oder die Größe ändern.

Das ist eine gute Übung. Sie können Sterne auch aus den Symbolschriften verwenden (s. S. 64) oder mit dem Vieleck-Werkzeug erstellen oder die Polylinie verwenden (dann am Anfang und Ende doppel-, sonst einmal klicken).

16.3 Der Mond – Kreissegmente

Um den Mond zu zeichnen, können wir aus zwei Kreisen jeweils **Kreissegmente** herausschneiden und anschließend zu einem Element verbinden, damit der Mond gefüllt werden kann.

> ➤ Zeichnen Sie **zwei Kreise** (mit [Strg]-Taste).

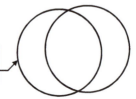

Jetzt müssen diese Kreisteile weggeschnitten werden.

➢ Klicken Sie bei gewähltem Form-Werkzeug auf einen Kreis. Oben am Kreis erscheint ein kleiner **Punkt** (nicht die acht Anfasserpunkte außen herum!).

Öffnen Sie an diesem Punkt den Kreis ca. 2 cm. Wo bleibt die Linie übrig?

Vorübergehend „Ausrichten an Gitter" abschalten, damit sich die Kreissegmente treffen können.

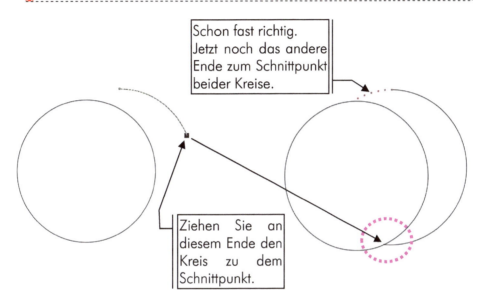

Schon fast richtig. Jetzt noch das andere Ende zum Schnittpunkt beider Kreise.

Ziehen Sie an diesem Ende den Kreis zu dem Schnittpunkt.

Tortenstück oder Bogen:

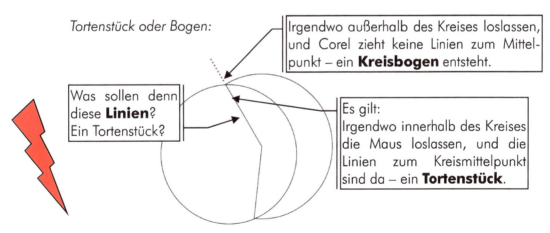

Irgendwo außerhalb des Kreises loslassen, und Corel zieht keine Linien zum Mittelpunkt – ein **Kreisbogen** entsteht.

Was sollen denn diese **Linien**? Ein Tortenstück?

Es gilt: Irgendwo innerhalb des Kreises die Maus loslassen, und die Linien zum Kreismittelpunkt sind da – ein **Tortenstück**.

Keine unnötigen Gedanken, welcher Teil erhalten bleibt. Etwas öffnen, dann sehen, in welche Richtung es weiter geht.

➢ Jetzt noch den zweiten Kreis zum Kreisbogen umformen und der Mond ist fertig.

97

16.4 Kombinieren zum Füllen

Füllen geht noch nicht, denn für Corel gibt es vorerst nur zwei Kreisbögen, die nichts miteinander zu tun haben. Also müssen wir Corel mitteilen, dass dies ein Mond ist. Das geht folgendermaßen:

> ➢ Beide Kreisbögen **markieren** und **kombinieren**.

[Strg]-L

>> ↳ Das geht per Symbol in der Eigenschaftsleiste, sobald mehrere Objekte markiert sind, im Menü bei Anordnen-Kombinieren oder mittels Shortcut [Strg]-L.

Zum Markieren:

> ◆ Mit gedrückter **[Umschalt]-Taste** können Sie mehrere Objekte durch Anklicken markieren.

>> ↳ Solange Sie die [Umschalt]-Taste drücken, können Sie markierte Objekte auch wieder abmarkieren.

>> ↳ Beachten Sie die Meldung unten in der Statusleiste: "2 Objekte markiert auf Ebene 1".

Gruppieren oder Kombinieren:

> ◆ **Gruppieren** fasst Objekte zu einem Element zusammen.
> ◆ **Kombinieren**, wenn zwischen zwei Objekten gefüllt werden soll.

16.5 Enden schließen

Aller Erfahrung nach geht es bei Ihnen noch nicht, den Mond zu füllen.

> ➢ Probieren Sie es, indem Sie unten aus der **Farbpalette** eine Farbe anklicken.

Füllen ist noch nicht möglich, weil die **Endpunkte** sich noch nicht genau treffen. **Zoomen** Sie die Endpunkte und Sie werden es auch in Ihrer Zeichnung sehen.

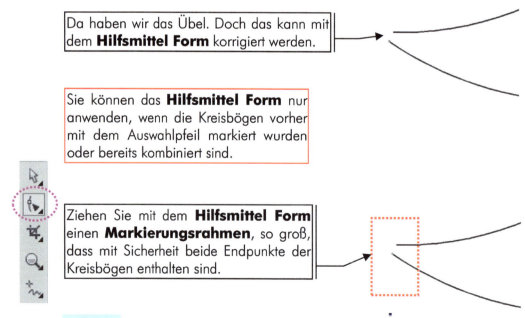

Da haben wir das Übel. Doch das kann mit dem **Hilfsmittel Form** korrigiert werden.

Sie können das **Hilfsmittel Form** nur anwenden, wenn die Kreisbögen vorher mit dem Auswahlpfeil markiert wurden oder bereits kombiniert sind.

Ziehen Sie mit dem **Hilfsmittel Form** einen **Markierungsrahmen**, so groß, dass mit Sicherheit beide Endpunkte der Kreisbögen enthalten sind.

98

*Jetzt erscheinen in der **Eigenschaftsleiste** die benötigten Befehle:*

> Wenn sich die Endpunkte beider Kurven nicht berühren, ist dieses leicht erkennbare Symbol für **Knoten verbinden** (Knoten = Wendepunkte) hervorgehoben.

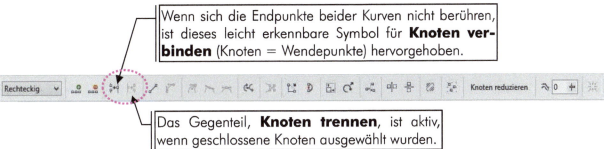

> Das Gegenteil, **Knoten trennen**, ist aktiv, wenn geschlossene Knoten ausgewählt wurden.

Geht es jetzt, den Mond zu füllen? Wenn nicht, kommen nur diese zwei Fehlerquellen in Frage:

- Die Kreisbögen sind noch **nicht kombiniert** oder versehentlich stattdessen gruppiert.

- Die **Endpunkte sind nicht geschlossen**. Mit starkem Zoom prüfen, ggf. den Vorgang wie eben beschrieben wiederholen.

16.6 Wendepunkte ergänzen für die Nase

Der Mond schaut zwar schon recht schön aus, kann aber noch schöner werden. Wir ergänzen eine große Nase.

Vorteil des Hilfsmittels Form:

alle möglichen Objekte können jederzeit ergänzt oder geändert werden. So können selbst sehr schwierige Körper Stück für Stück gezeichnet werden.

➤ Ein Wendepunkt ist ziemlich in der Mitte schon vorhanden. Diesen Punkt anklicken und in der Eigenschaftsleiste **Spitz** wählen, damit wir spitze Ecken und keine runden Kurven bekommen.

➤ Etwas darüber werden wir mit dem **Hilfsmittel Form** einen weiteren **Punkt** setzen. Diesen auch gleich auf Spitz umschalten.

  ↳ Die schnellste Methode ist es, einen neuen Punkt durch **Doppelklicken** zu ergänzen, dann diesen Punkt auch gleich zu einem spitzen umschalten.

  ↳ Andere Methode: mit dem **Hilfsmittel Form** einen provisorischen **Punkt** setzen, dann das **+** in der Eigenschaftsleiste oder auf der Tastatur für neuen Punkt drücken. Erst dadurch wird der Wendepunkt tatsächlich gesetzt.

99

➤ Jetzt kann mit der Maus das Kurvenstück zwischen den beiden neuen Wendepunkten angefasst und **herausgezogen** werden.

     ↳ Nicht an den zwei Hebeln anfassen, da es dann doppelte Arbeit ist, sondern die Kurve in der Mitte zwischen den zwei Wendepunkten.

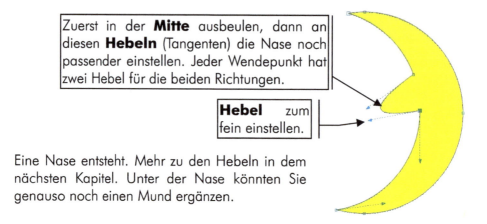

Zuerst in der **Mitte** ausbeulen, dann an diesen **Hebeln** (Tangenten) die Nase noch passender einstellen. Jeder Wendepunkt hat zwei Hebel für die beiden Richtungen.

Hebel zum fein einstellen.

Eine Nase entsteht. Mehr zu den Hebeln in dem nächsten Kapitel. Unter der Nase könnten Sie genauso noch einen Mund ergänzen.

16.7 Die Figuren – Form anpassen

Auch die Strichfiguren können nicht gefüllt werden, solange nicht rundherum eine geschlossene Linie vorhanden ist.

Gehen Sie so vor:

➤ Zeichnen Sie ungefähr die **Körper**.

     ↳ Mit Polylinien oder normaler Linie und Doppelklicken.

➤ Wie bei den Sternen mit dem Formwerkzeug die Figuren beliebig **korrigieren**.

➤ Probieren Sie, ob **Füllen** bereits möglich ist.

     ↳ Sonst wie bei dem Mond mit dem **Hilfsmittel Form** die Verbindungspunkte zusammenführen.

➤ Erst wenn die Körper schon gefüllt sind, ergänzen wir die **Arme:**

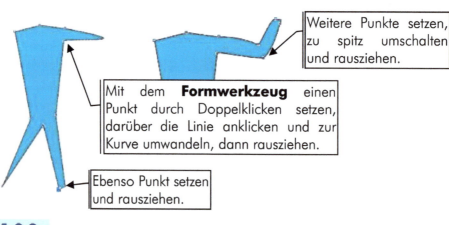

Weitere Punkte setzen, zu spitz umschalten und rausziehen.

Mit dem **Formwerkzeug** einen Punkt durch Doppelklicken setzen, darüber die Linie anklicken und zur Kurve umwandeln, dann rausziehen.

Ebenso Punkt setzen und rausziehen.

➤ Hände und Köpfe (Ellipsen) vergrößert zeichnen:

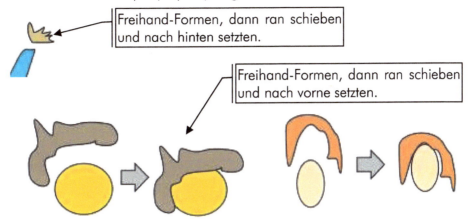

Freihand-Formen, dann ran schieben und nach hinten setzten.

Freihand-Formen, dann ran schieben und nach vorne setzten.

➤ Auch die Füße zeichnen wir vorerst ganz einfach:

➤ Stark vergrößert können Sie noch mit den bisher bekannten Zeichen-werkzeugen (Ellipsen, Freihand- oder Kurvenlinie) Augen, Mund und Nase usw. ergänzen.

   ✍ Wie die Augen, Nase und Mund schöner gezeichnet werden könn-ten, folgt Schritt für Schritt im nächsten Kapitel. Wer will, kann da-nach auch bei diesen Figuren schönere Augen und einen Mund ergänzen.

➤ Ganz zum Schluss jede Figur **gruppieren**, damit ein Element daraus wird und die Anordnung nicht versehentlich zerstört werden kann.

Als Alternative könnten Sie Figuren aus einer Symbolschrift verwenden oder nach geeigneten ClipArts suchen, bei den Corel-ClipArts oder aus dem In-ternet.

Auch Symbole können mit dem Formwerkzeug verändert werden.

Notizen: ....

....

....

....

....

....

....

....

101

17. Die Schlange – Kurven total

Gegenüber der Schlange war alles bisherige nur eine kleine Vorübung. Aber keine Angst. Es wird nicht viel schwieriger, jedoch werden Sie jetzt erkennen, wie leistungsfähig das **Hilfsmittel Form** ist.

➢ Neue Zeichnung, Format vorerst 100 mm breit, 210 hoch,

  ★ Gitter alle 5 mm und an Gitter ausrichten, Hilfslinien als Seitenränder bei 10, 90 vertikal und 10, 150 horizontal.

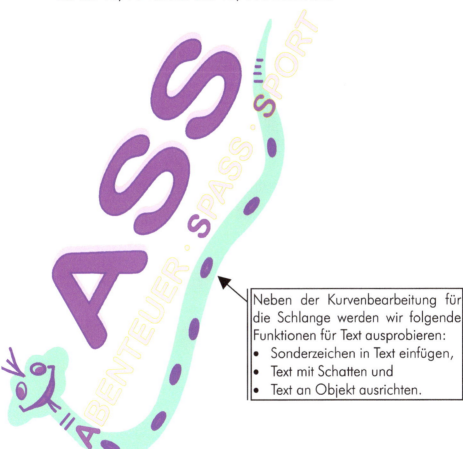

Neben der Kurvenbearbeitung für die Schlange werden wir folgende Funktionen für Text ausprobieren:
- Sonderzeichen in Text einfügen,
- Text mit Schatten und
- Text an Objekt ausrichten.

Abenteuer Spass Sport GbR
Beispielstraße 50   *Bankverbindung:*
81234 München   Bay. Vereinsbank München
Tel.: 089 / 111 222 33   Konto-Nr. 012345678
Fax: 089 / 111 222 34   BLZ 012345678

17.1 Erste Vorübung

Damit es nicht zu schwierig wird, fangen wir mit einer Kurve an.

➢ Zeichnen Sie eine gerade **Linie** im Seitenrand, ca. 5 cm lang.

➢ **Hilfsmittel Form** wählen und die Linie in der Mitte anklicken.

➢ Da wir eine Linie ausgewählt haben, ist die Schaltfläche **in Kurve konvertieren** aktiv, diese anklicken, um aus der Linie eine Kurve zu machen:

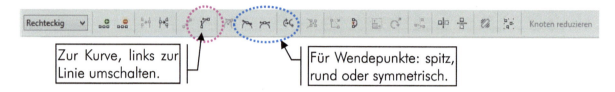

| Zur Kurve, links zur Linie umschalten. | | Für Wendepunkte: spitz, rund oder symmetrisch. |

➢ Fassen Sie die Linie nicht an den Hebeln, sondern ziemlich genau in der Mitte an und beulen Sie diese zu einer **Kurve** aus.

| Die Hebel erscheinen, wenn Sie einen Endpunkt anklicken. |

Weiteres zum Ausprobieren:

➢ Drehen Sie einen der **Hebel**, bis die Kurve zu einem **S** wird.

➢ **Verschieben** Sie einen Anfangspunkt der Kurve.

➢ Drehen Sie einen der **Hebel** um 180° herum und beobachten Sie die Wirkung.

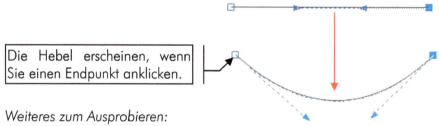

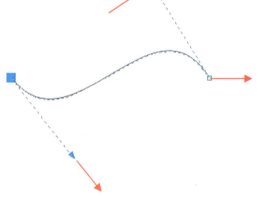

➢ Ziehen Sie einen **Hebel** ganz lang – die Kurve beult sich sehr stark – und dann ganz klein – die Kurve beult sich nur leicht.

Hebel sind Tangenten! Über die Hebel:

◆ Lange Hebel erschweren in der Praxis den Umgang.

◆ Außerdem sehen Sie, dass aus einer Strecke zwei Kurven (S) gemacht werden können.

Hebel

◆ Wir brauchen daher nur ganz wenige Wendepunkte.

◆ Zu viele Wendepunkte erschweren die Arbeit enorm!

104

17.2 Zweite Vorübung

Jetzt kennen Sie die Hebel schon ein wenig. Bei der nächsten Übung gehen wir noch einen Schritt weiter.

Vorbereitung:

> ➤ Löschen Sie die eben gezeichnete erste Kurve.

> ➤ Zeichnen Sie **zwei Linien**, beim Schnittpunkt Doppelklicken:

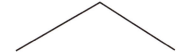

> ➤ Wandeln Sie beide Linien zu **Kurven** um.

>> ✎ Sie können mit dem Formwerkzeug einen Auswahlrahmen ziehen, um damit beide Linien auf einmal zu markieren und in Kurven umzuwandeln.

Kurven ohne Kanten:

Jetzt ist der Schnittpunkt der beiden Kurven wichtig, denn dort soll schließlich keine Kante bleiben. Das ist zu erreichen, indem die Hebel zu einer Linie ausgerichtet werden, wie an der folgenden Abbildung erkennbar ist.

> ➤ **Beulen** Sie die Kurven wie abgebildet aus, damit die Hebel erscheinen, zunächst die Kurven mittig anfassen und ausbeulen:

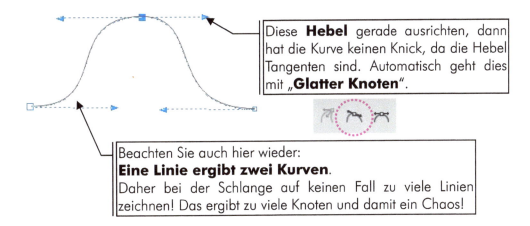

Diese **Hebel** gerade ausrichten, dann hat die Kurve keinen Knick, da die Hebel Tangenten sind. Automatisch geht dies mit „**Glatter Knoten**".

Beachten Sie auch hier wieder:
Eine Linie ergibt zwei Kurven.
Daher bei der Schlange auf keinen Fall zu viele Linien zeichnen! Das ergibt zu viele Knoten und damit ein Chaos!

Zur Übung der Hebel haben wir gerade eine Kurve von Hand geglättet. Das gleiche macht Corel mit der Funktion **geglättet**. Ist dies eingeschaltet, können Sie daher keine spitzen Winkel ziehen wie bei der Nase.

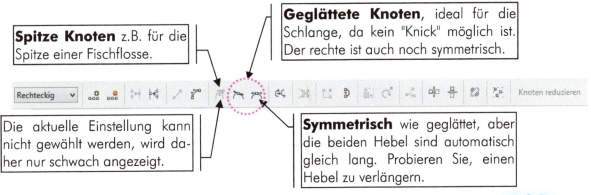

Spitze Knoten z.B. für die Spitze einer Fischflosse.

Geglättete Knoten, ideal für die Schlange, da kein "Knick" möglich ist. Der rechte ist auch noch symmetrisch.

Die aktuelle Einstellung kann nicht gewählt werden, wird daher nur schwach angezeigt.

Symmetrisch wie geglättet, aber die beiden Hebel sind automatisch gleich lang. Probieren Sie, einen Hebel zu verlängern.

105

17.3 Ernstfall: die Schlange

Die Schlange ist kein Problem, wenn Sie daran denken, nicht zu viele Linien zu zeichnen. Weitere Punkte könnten jederzeit mit dem **+** ergänzt werden, zu viele Wendepunkte führen aber zu einem Chaos an Hebeln.

Sie werden sehen, dass folgendes Gebilde (rote Linie) im Handumdrehen zu der grünen Schlange mit runden Kurven wird.

➢ Löschen Sie die vorigen Kurven.

➢ Zeichnen Sie die roten **Linien** mit Doppelklicken an einem Stück.

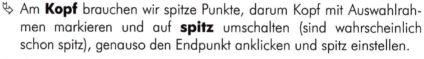

Für solche Freihandzeichnungen sollte das **Gitter** ausgeschaltet sein.

Entweder mit **Linien** = Doppelklicken und einmal zum Beenden, oder mit **Polylinie** = dann einmal klicken und mit Doppelklicken beenden.

➢ Abschließend ggf. die Wendepunkte passend verschieben.

*Linien in **Kurven** umwandeln:*

Sie können mehrere Linien auf einmal in Kurven umwandeln, indem Sie diese mit einem großen Rahmen markieren.

➢ Wendepunkte markieren und die gewünschte Art zuweisen:

↳ Am **Kopf** brauchen wir spitze Punkte, darum Kopf mit Auswahlrahmen markieren und auf **spitz** umschalten (sind wahrscheinlich schon spitz), genauso den Endpunkt anklicken und spitz einstellen.

↳ dann **Rumpf** markieren (ohne Kopf- und Ende) und in der Eigenschaftsleiste „**geglättet**" wählen. Automatisch werden die Wendepunkte geglättet, die gewünschten runden Konturen entstehen.

Die Funktion „**geglättet**" hilft für schöne runde Kurven, nur an der Schwanzspitze und am Kopf sind einige **spitze** Punkte nötig.

➢ Kurven weiter **ausbeulen**, bis die Schlangenform passt.

↳ Das geht am leichtesten, wenn Sie die Kurven in der Mitte anfassen, nicht an den Hebeln.

Wenn es nicht so wie erwartet gehen sollte, sind wahrscheinlich noch offene Punkte vorhanden. Dann diese, wie in Kapitel 16.5 beschrieben, schließen.

Was Sie vielleicht noch brauchen:

♦ **Punkte setzen** mit Doppelklicken (oder dem „**+**").

♦ **Punkte löschen**: den überzähligen Punkte anklicken und das „**–**" in der Eigenschaftsleiste oder auf der Tastatur drücken.

♦ **Punkte verschieben** ist jederzeit möglich, solange das Formwerkzeug aktiviert ist.

17.4 Der Kopf und die Punkte

Die Kopfform wird genauso wie der Schlangenkörper gestaltet:

> die Linien zu Kurven umwandeln und passend ausbeulen.

*Die Augen bestehen aus **zwei Ellipsen**:*

Am einfachsten ist es, diese zuerst im freien Bereich neben dem Kopf zu zeichnen, dabei möglichst stark diesen Bereich vergrößern.

> **Liniendicke** bei der äußeren erhöhen, beide farbig **füllen**. Farben für beide passend einstellen.

> Fertig, dann zu einem Auge **gruppieren, drehen** und an der richtigen Stelle einpassen.

> Das zweite Auge nicht neu zeichnen, sondern das erste **kopieren** (mit der rechten Maustaste), dabei verschieben und anschließend drehen.

Die Haare sind das leichteste:

> Drei Linien zeichnen, zu Kurven umwandeln und passend ausbeulen.

> Liniendicke, Farbe und im Linienmenü runde Endstücke einstellen.

> Nicht schädlich: die drei Haare zu einem Objekt gruppieren.

Den Mund:

> Zwei Linien übereinander zeichnen: Klicken, Doppelklicken und zum Anfangspunkt zurück,

> zu **Kurven** umwandeln und passend ausbeulen.

> Liniendicke erhöhen, Füll- und Linienfarbe wählen.

> Falls die Füllung nicht geht, die Punkte schließen.

Links und rechts zwei Punkte setzen, auf spitz umschalten, um das mittige Stück mehr ausbeulen zu können.

> Abschließend die "Endstücke" und die Zunge ergänzen und alle Elemente **gruppieren**.

> Jetzt kann der Mund gedreht und richtig **positioniert** werden.

Nicht auf anderen Objekten zeichnen, sondern

an einer freien Stelle oder in einer separaten Zeichnung. Erst wenn ein Objekt fertig ist, gruppieren und an die richtige Position schieben. Dort die Größe und Drehung anpassen.

Weiter geht es im nächsten Kapitel mit Text und Bildern.

18. Textbearbeitung

Egal, ob es sich um ein Plakat, ein Titelblatt oder um eine Werbebroschüre handelt, Text kommt fast immer vor.

Corel bietet zwei Arten der Textbearbeitung:

♦ den **Grafiktext** mit dem Textwerkzeug (was Sie bisher gemacht haben) für kurze Texte, die beliebig platziert und gedreht werden können.

♦ den **Mengentext**, um längere Texte wie in einem Textprogramm zu schreiben. Selbst Formatvorlagen (heißen im Corel Stile) können zugewiesen werden.

Wir werden in der folgenden Übung den Text zu der Schlange ergänzen.

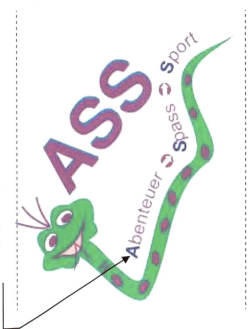

Wir werden den Text im Anschluss auch an der Schlange ausrichten.

18.1 Den Schatten erzeugen

➢ Schreiben Sie mit dem Textwerkzeug: **ASS**.

➢ Mit der Maus oder in der Eigenschaftsleiste passend **vergrößern**, jedoch noch nicht drehen.

Ein schlichter einfarbiger Schatten ist sehr schön und wird gerade bei Profiarbeiten häufiger als spezielle Effekte verwendet.

Hierfür werden wir den Text kopieren und dabei leicht verschieben. Dann wird für einen Text die Farbe geändert und der Schatten ist fertig.

➢ Zum Kopieren und genauen Verschieben ist das Andock-Fenster **Anordnen-Änderungen-Position** ideal.

Bei Anordnen-Änderungen können exakte Werte vorgegeben werden:

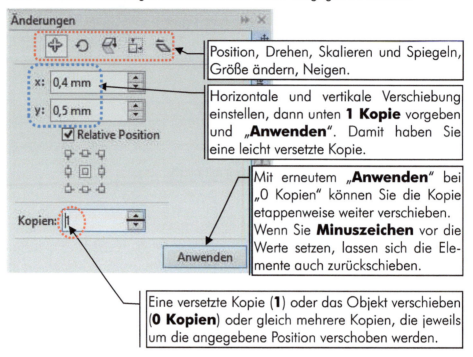

Position, Drehen, Skalieren und Spiegeln, Größe ändern, Neigen.

Horizontale und vertikale Verschiebung einstellen, dann unten **1 Kopie** vorgeben und **„Anwenden"**. Damit haben Sie eine leicht versetzte Kopie.

Mit erneutem **„Anwenden"** bei „0 Kopien" können Sie die Kopie etappenweise weiter verschieben. Wenn Sie **Minuszeichen** vor die Werte setzen, lassen sich die Elemente auch zurückschieben.

Eine versetzte Kopie (**1**) oder das Objekt verschieben (**0 Kopien**) oder gleich mehrere Kopien, die jeweils um die angegebene Position verschoben werden.

> ➢ Das neue Objekt **nach hinten** setzen (Anordnen-Anordnen-nach hinten) und eine **hellere Farbe** zuweisen.

> ➢ Der Schatten ist fertig, abschließend können die beiden verschiedenfarbigen Texte zu einem Element **gruppiert** werden.

> ➢ Schreiben Sie noch „Abenteuer Spass Sport" mit zwei Leertasten zwischen den Wörtern, weil dort noch ein Sonderzeichen (◆) platziert werden soll.

Wir wollen ASS und Abenteuer… im gleichen Winkel drehen:

Mittels der Eigenschaftsleiste können wir verschiedene Objekte im gleichen Winkel drehen.

> ➢ Sie können zunächst mit der Maus ungefähr passend drehen und danach in der Eigenschaftsleiste auf den nächsten geraden Wert ändern, z.B. auf 50° statt 50,861.

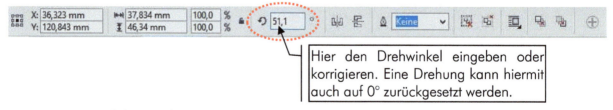

Hier den Drehwinkel eingeben oder korrigieren. Eine Drehung kann hiermit auch auf 0° zurückgesetzt werden.

Auch bei markiertem Text wird in der Eigenschaftsleiste der Drehwinkel neben den Texteinstellungen angezeigt.

> ➢ Ohne die Eigenschaftsleiste bleibt die Möglichkeit über das Menü **Anordnen-Änderungen**.

>> ✎ Hier z.B. eine Drehung von 10° einstellen, dann mehrmals „Zuweisen" drücken, bis der Drehwinkel passt, dabei mitzählen.

>> ✎ Damit ist der Drehwinkel bekannt und kann anderen Objekten zugewiesen werden.

110

18.2 Sonderzeichen einfügen

➤ Mit dem Textwerkzeug **Cursor** an die richtige Textstelle zwischen die zwei Leertasten setzen.

➤ Mit **Text-Zeichen einfügen** oder **[Strg]-[F11]** das Andockfenster einblenden,

➤ dann eine Bilderschrift, z.B. **Wingdings**, wählen und ein passendes **Symbol** aus dem Zeichen-Fenster auf den Text ziehen oder mit Doppelklicken einfügen.

★ Cursor zur nächsten Stelle mit den Richtungstasten bewegen und noch einmal auf das Symbol doppelklicken.

18.3 Farben variieren

Bei diesem Text sollen die Anfangsbuchstaben in einer anderen Farbe dargestellt werden:

➤ **Textwerkzeug** wählen, **Text** anklicken und den ersten Buchstaben von **A**benteuer **markieren**, dann mit der Maus aus der **Farbpalette** eine andere Farbe zuweisen.

Einen Buchstaben markieren geht am einfachsten so:

♦ Mit der Maus erfordert es Fingerspitzengefühl, genau einen Buchstaben zu markieren.

♦ Bei gedrückter [Umschalt]-Taste und einer Richtungstaste geht es einfacher, vor allem ist abmarkieren ebenfalls möglich, solange Sie die [Umschalt]-Taste gedrückt halten.

Die Farbe wird nur für den markierten Text geändert.

18.4 Text an Objekt ausrichten

Mit dieser Funktion kann Text an einem Objekt, z.B. an unserer Schlange, entlang geführt werden. Probieren wir es aus:

➤ Die Gruppierung der Schlange ist zuvor aufzuheben.

➤ Den Text „Abenteuer …" anklicken und **Text-Text an Strecke ausrichten** wählen.

➤ Der Mauspfeil wechselt zu einem dicken Pfeil, mit diesem die Schlange anklicken.

↪ Beachten Sie die **Vorschau**, sobald Sie sich dem Objekt mit der Maus nähern, erst klicken, wenn wie gewünscht angeordnet, wobei die Anfangsposition und der Abstand von der Strecke noch nachträglich in der Eigenschaftsleiste angepasst werden kann.

Sie können die Anordnung jederzeit in der Eigenschaftsleiste ändern, wenn Text und Objekt **markiert** ist:

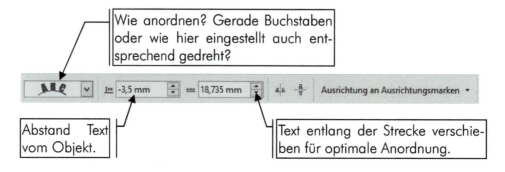

Ausrichtung an Ausrichtungsmarken:

♦ Diese Funktion ermöglicht es, mit der Maus vorab die gewünschte Position vorzugeben, was die Anordnung erheblich vereinfacht. Könnte an dieser Stelle auch abgeschaltet werden.

Falls der Text auf der falschen Seite angeordnet wird, spiegeln. Hiermit kann Text auch unterhalb angeordnet werden.

18.5 Die Adresse ergänzen

Ergänzen Sie noch die **Adresse** am unteren Bildrand.

➢ Zwei Textblöcke schreiben, einmal linksbündig und einmal rechtsbündig einstellen und mit Hilfslinien ausrichten:

Abenteuer Spass Sport GbR
Beispielstraße 50
81234 München   Bankverbindung:
Tel.: 089 / 111 222 33   Bay. Bspbank München
Fax: 089 / 111 222 34   Konto-Nr. 012345678
                                            BLZ 70020270

Die Eigenschaftsleiste für Text finden Sie im Kapitel 10.1.1.

18.6 Weitere Einstellmöglichkeiten für Text

Die Eigenschaftsleiste ist sehr praktisch, jedoch sind nur die wichtigsten Einstellmöglichkeiten vorhanden.

♦ Zu dem vollständigen Menü mit allen Einstellmöglichkeiten für Text kommen Sie auf diesen Wegen:

↳ **rechte Maustaste** auf dem Text, dann Objekteigenschaften

↳ oder mit Fenster-Symbolleisten-Text die **Symbolleiste Text** öffnen.

↳ oder **Text-Texteigenschaften**, in diesem Menü finden Sie auch hochgestellt oder Bruchzahlen,

↳ die Tastaturabkürzung **[Strg]-T** öffnet auch letzteres Menü

↳ oder das rechts abgebildete Symbol in der Eigenschaftsleiste.

Dieses umfangreiche und daher leider unübersichtlich gewordene Einstellmenü für Text wird auf der nächsten Seite vorgestellt.

112

Das Andockfenster Text-Texteigenschaften:

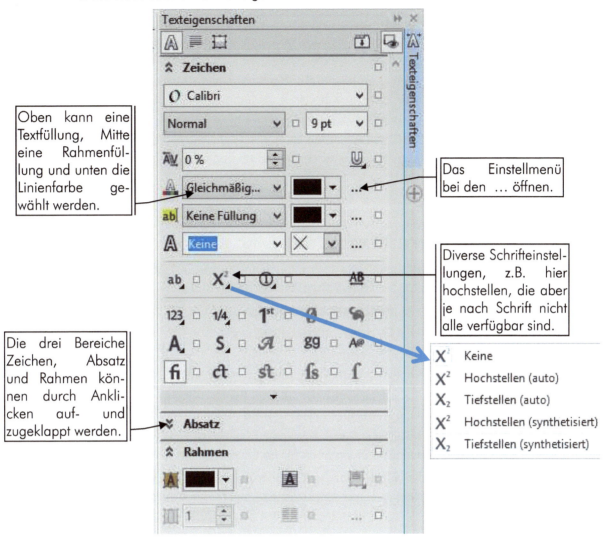

Oben kann eine Textfüllung, Mitte eine Rahmenfüllung und unten die Linienfarbe gewählt werden.

Das Einstellmenü bei den … öffnen.

Diverse Schrifteinstellungen, z.B. hier hochstellen, die aber je nach Schrift nicht alle verfügbar sind.

Die drei Bereiche Zeichen, Absatz und Rahmen können durch Anklicken auf- und zugeklappt werden.

Die Absatzformatierung:

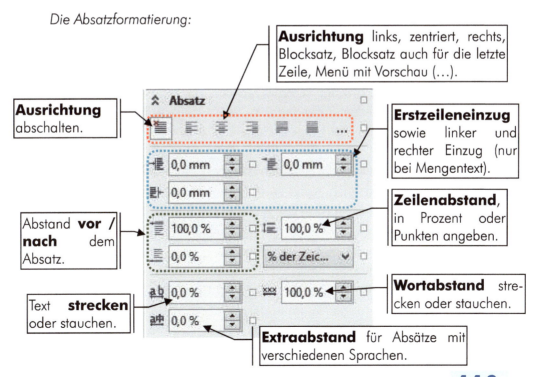

Ausrichtung links, zentriert, rechts, Blocksatz, Blocksatz auch für die letzte Zeile, Menü mit Vorschau (…).

Ausrichtung abschalten.

Erstzeileneinzug sowie linker und rechter Einzug (nur bei Mengentext).

Abstand **vor / nach** dem Absatz.

Zeilenabstand, in Prozent oder Punkten angeben.

Text **strecken** oder stauchen.

Wortabstand strecken oder stauchen.

Extraabstand für Absätze mit verschiedenen Sprachen.

113

Weiteres zu den Texteinstellungen:

- Vorteilhaft ist die Angabe in **Prozent der Zeichengröße**, was zur Folge hat, dass bei größerer oder kleinerer Schriftart auch die Abstände größer oder kleiner werden.

- Je nach gewählter **Schriftart** sind nicht alle Optionen möglich, z.B. können manche Schriften nicht fett oder kursiv eingestellt werden.

Strg-
Umschalt-T

- Text-Text bearbeiten, [Strg]-[Umschalt]-t oder in der Eigenschaftsleiste ab| drücken ruft einen kleinen Textbildschirm (**Texteditor**) auf, in dem Sie den Text korrigieren, schreiben und auch formatieren können.

abI

18.7 Weitere Texthilfen

- Corel bietet alle Hilfsmittel eines guten Textverarbeitungsprogramms, die Sie bei **Text-Schreibhilfsmittel** finden:

  ↳ eine **Rechtschreibprüfung**,

  ↳ eine **Grammatikprüfung** und

  ↳ den **Thesaurus**, ein Wörterbuch für Synonyme, mit dem nach ähnlichen Begriffen gesucht werden kann,

  ↳ die **Blitzkorrektur**, die ein Fenster öffnet, in dem diese automatische Korrektur eingestellt werden kann,

  ↳ sowie die **Sprache** kann hier gewählt werden, damit die Rechtschreibprüfung auch für fremdsprachliche Texte funktioniert.

  ↳ Bei **Einstellungen** können diese Schreibhilfsmittel eingestellt werden, z.B. ob manuelle Korrekturen automatisch zur Blitzkorrektur hinzugefügt werden sollen.

Zur Blitzkorrektur:

Die **Blitzkorrektur** ist ähnlich der AutoKorrektur in MS Word.

- Mit „Ersten Buchstaben von Sätzen großschreiben" wird auch nach jeder Abkürzung großgeschrieben, da für CorelDRAW ein neuer Satz nach jedem Punkt beginnt. Diese Option ist bei Corel X6 in der Voreinstellung deaktiviert. Wird die Großschreibung nach einer Abkürzung einmal korrigiert, akzeptiert Corel dies.

- Typographische Anführungszeichen „abc" anstelle von "abc".

- „Text bei Eingabe ersetzen" ersetzt die in der Liste stehenden Standardfehler automatisch durch die eingetragenen Texte.

  ↳ Andere Kürzel, z.B. für einen Firmennamen, können ergänzt werden. Bei „Ersetzen:" eine Abkürzung oder eine fehlerhafte Schreibweise eintragen, bei „Durch:" die ausführliche oder richtige Schreibweise eintragen und mit Hinzufügen speichern.

  ↳ Wenn häufig unerwünschte Ersetzungen vorkommen, sollten Sie diese Funktion **deaktivieren**. Falls Sie diese Funktion verwenden wollen, lohnt es sich, die Ersetzungsliste zu pflegen.

Kapitel
19

19. Der Mengentext

ist die zweite Art der Textbearbeitung im CorelDRAW. Während sich **Grafiktext** wie ein Zeichenelement verhält, ist **Mengentext** in einem Textrahmen angeordnet.

Mengentext für große Textmengen.

Mengentext ist sozusagen ein kleines Textprogramm, das wir in einer Corel-Grafik öffnen können. Zur Abgrenzung ist dieser Mengentext in einem Rahmen gesetzt.

Den Mengentext starten Sie folgendermaßen:

- ◆ Wie gewohnt das **Textsymbol** drücken. Jetzt gilt:
    - ✍ in der Zeichnung klicken, um Grafiktext zu schreiben oder
    - ✍ einen Mengentextrahmen mit gedrückter Maustaste ziehen.
- ◆ **Vorsicht**, keine leeren Mengentextrahmen ziehen!
    - ✍ Mengentextrahmen nur ziehen, wenn dies beabsichtigt ist.
    - ✍ Sonst sofort vom Textwerkzeug auf den Auswahlpfeil zurückschalten, da Sie sonst mit dem Textwerkzeug statt Markierungsrahmen Mengentextrahmen erstellen.

Leere Mengentextrahmen werden durch gestrichelte Linien angezeigt. Versehentlich gezeichnete Rahmen gleich löschen:
Auswahlwerkzeug – anklicken – [Entf].

Ein leerer Mengentextrahmen:

Klicken Sie hier
mit dem Hilfsmittel
'Text', um Mengentext
hinzuzufügen

Mengentextrahmen mit Text:

Seit CorelDRAW 10 werden leere Mengentextrahmen endlich gut erkennbar durch gestrichelte Linien angezeigt. Versehentlich gezeichnete Rahmen gleich löschen: Auswahlwerkzeug – anklicken – [Entf].

19.1 Text umwandeln

geht im **Menü Text**, im Abrollmenü mit der **rechten Maustaste** oder mit der Tastaturabkürzung **[Strg]-F8**. Bedingungen: Text mit dem Auswahlpfeil markieren, nicht mit dem Textwerkzeug und bei einem Mengentextrahmen darf dieser nicht zu klein sein, so dass der ganze Text sichtbar ist.

[Strg]-F8

115

19.2 Übung Visitenkarte

Um den Mengentext etwas näher kennenzulernen, werden wir eine kleine Visitenkarte erstellen. So wird es werden:

> ➤ Neue Zeichnung, **Format 80X60 mm**, Gitter entsprechend feiner auf **1 mm Abstand** einstellen.

Weil wir auf farbiges Papier drucken, wählen wir eine Papierfarbe:

> ➤ Layout-Seitenhintergrund bei Durchgezogen im Abrollmenü **„mehr"** wählen.

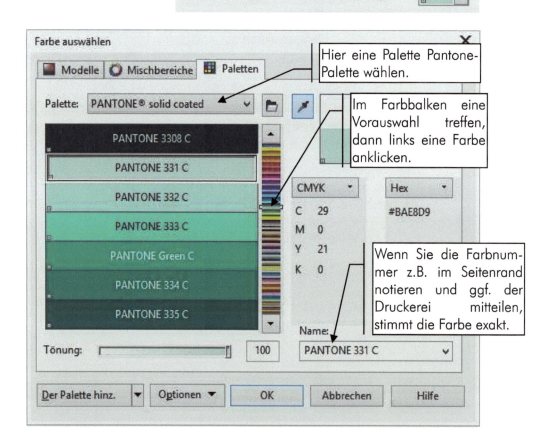

> ➤ Schalten Sie ggf. **„Hintergrund drucken und exportieren"** ab, damit die eingestellte **Papierfarbe** nicht gedruckt wird.

> ✍ Gut, um die Farbzusammenstellung am Bildschirm besser zu begutachten, wenn auf farbiges Papier gedruckt wird.

LINDEMANN GROUP © DIPL.-ING. (FH) PETER SCHIEßL

*Die beiden Linien oben und unten sind **Rechtecke**:*

> ➢ **Hilfslinien** je 4 mm vom Seitenrand entfernt setzen.

> ➢ Ein **Rechteck** zeichnen, Umrisslinie ausschalten (mit der rechten Maustaste oben in der Farbpalette auf das X) und

> ➢ mit einem **Farbverlauf** ähnlich wie abgebildet füllen.

Jetzt werden wir das Rechteck einmal **kopieren** und spiegeln, wodurch die Kopie eine genau vertauschte Farbverlaufsfüllung erhält.

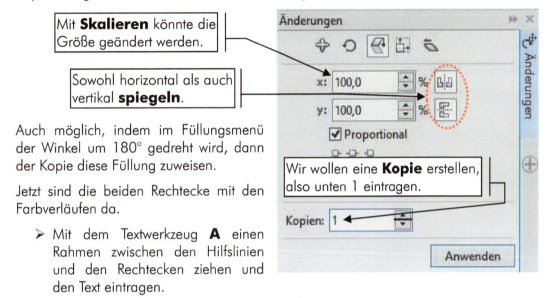

Mit **Skalieren** könnte die Größe geändert werden.

Sowohl horizontal als auch vertikal **spiegeln**.

Auch möglich, indem im Füllungsmenü der Winkel um 180° gedreht wird, dann der Kopie diese Füllung zuweisen.

Wir wollen eine **Kopie** erstellen, also unten 1 eintragen.

Jetzt sind die beiden Rechtecke mit den Farbverläufen da.

> ➢ Mit dem Textwerkzeug **A** einen Rahmen zwischen den Hilfslinien und den Rechtecken ziehen und den Text eintragen.

> > ↳ Da dieser Rahmen links und rechts an den Hilfslinien andockt, ist die Zentrierung des Textes einfacher als bei Grafiktext.

19.3 Umgang mit den Mengentextrahmen

> ◆ **Zuviel Text** oder ein zu kleiner Mengentextrahmen führt dazu, dass der Text nur teilweise oder gar nicht angezeigt wird.

> > ↳ Rahmen zuerst nach unten und rechts viel größer als erforderlich ziehen, bis der Text richtig eingestellt ist. Erst am Schluss den Mengentextrahmen passend auf Textgröße verkleinern.

> > ↳ Eine Alternative bietet der Befehl **Text-Mengentextrahmen-An Rahmen ausrichten**, auch per rechter Maustaste erreichbar.

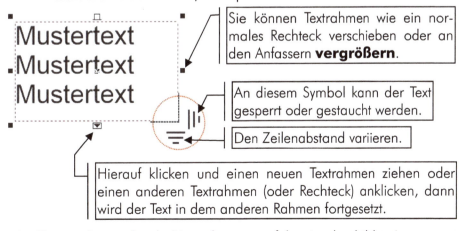

Sie können Textrahmen wie ein normales Rechteck verschieben oder an den Anfassern **vergrößern**.

An diesem Symbol kann der Text gesperrt oder gestaucht werden.

Den Zeilenabstand variieren.

Hierauf klicken und einen neuen Textrahmen ziehen oder einen anderen Textrahmen (oder Rechteck) anklicken, dann wird der Text in dem anderen Rahmen fortgesetzt.

> ➢ **Formatieren** Sie die Visitenkarte ungefähr wie abgebildet. Immer erst den entsprechenden Text markieren.

117

19.4 Drucken im Corel

Wie in jedem Programm können Sie auf diesen Wegen drucken:
Datei-Drucken / Symbol / **[Strg]-p**.

♦ Auf der Karteikarte Allgemein ist der **Drucker** auszuwählen sowie die gewünschte Druckqualität bei **Grundeinstellungen** vorzugeben.

    ↳ „Seite: **Ausrichtung anpassen...**" ändert das Papierformat zur Zeichnung passend auf **Hoch- oder Querformat**.

Bei unserer Visitenkarte ist trotzdem „Hochformat" zu wählen, da wir mehrere wie Etiketten auf ein Blatt DIN A4 drucken wollen.

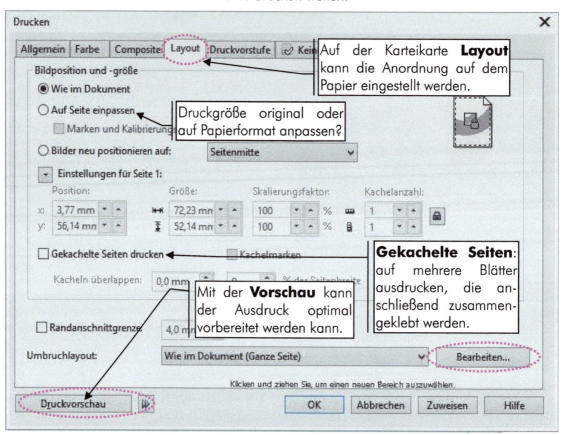

Bei „Bearbeiten" können Sie die Visitenkarten einstellen:

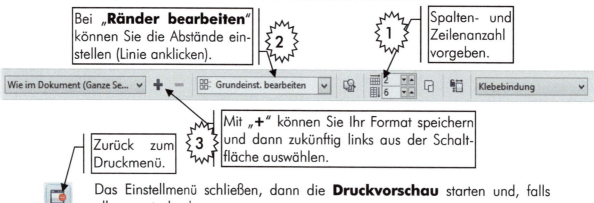

Das Einstellmenü schließen, dann die **Druckvorschau** starten und, falls alles passt, drucken.

Eine andere Methode mit etwas Handarbeit, dafür übersichtlicher, ist es, die Spalten und Zeilen durch **Hilfslinien** vorzugeben und vor dem Ausdruck die erste, fertige Visitenkarte in die anderen Zellen zu kopieren.

118

20. Bilder und Text

Sie kennen jetzt schon die Textverarbeitung einschließlich Mengentext, die Schlange ist bereits gezeichnet und wie Bilder eingefügt werden wurde bereits bei der Übung auf Seite 92 erläutert. Folglich dürfte nun der Prospekt ohne Probleme fertig gestellt werden können.

Es soll ein Faltblatt mit 5 gefalteten Blättern werden. Damit die Übung nicht zu lange dauert, ist diese hier auf drei Seiten gekürzt. Und die Originalbilder wurden durch Bilder von CorelDRAW oder aus dem Web ersetzt.

➢ **Öffnen** Sie die Übung Schlange aus Kap. 17 und Speichern Sie diese nun unter dem Namen ASS-Faltblatt.

➢ Statt einer Seite brauchen wir jetzt drei, also **Seitenformat** dreimal so breit auf 300 mm einrichten.

➢ Um jeweils 10 mm Seitenrand anzugeben, können Sie nun folgende **vertikale Hilfslinien** setzen: 10, 90/110, 190/210, 290. Bei bekannten Koordinaten ist das **Hilfslinien-Menü** vorteilhaft (rechte Maustaste auf dem Lineal, dann „Hilfslinien einrichten" wählen).

➢ Markieren Sie die **Schlange** mit einem riesengroßen Rahmen (Auswahlpfeil!) und ziehen Sie diese nach rechts.

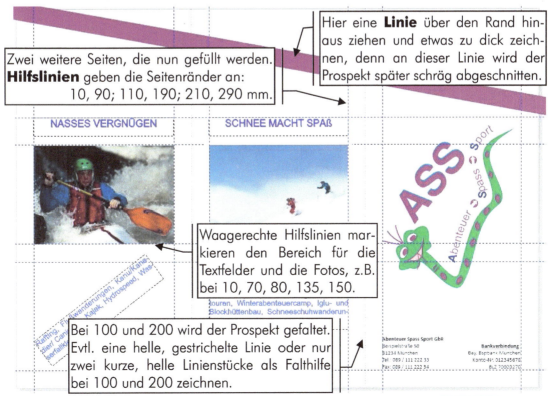

Hier eine **Linie** über den Rand hinaus ziehen und etwas zu dick zeichnen, denn an dieser Linie wird der Prospekt später schräg abgeschnitten.

Zwei weitere Seiten, die nun gefüllt werden. **Hilfslinien** geben die Seitenränder an: 10, 90; 110, 190; 210, 290 mm.

NASSES VERGNÜGEN   SCHNEE MACHT SPAß

Waagerechte Hilfslinien markieren den Bereich für die Textfelder und die Fotos, z.B. bei 10, 70, 80, 135, 150.

Bei 100 und 200 wird der Prospekt gefaltet. Evtl. eine helle, gestrichelte Linie oder nur zwei kurze, helle Linienstücke als Falthilfe bei 100 und 200 zeichnen.

20.1 Bilder einfügen

Jetzt haben wir drei Seiten, zwei davon sind noch leer. Fügen wir zuerst die Bilder ein. Wie Sie das mit Connect machen können, wurde bereits auf Seite 84 beschrieben.

➢ Jetzt suchen wir im Internet nach Fotos: Internet Explorer starten und bei einer Suchmaschine, z.B. www.msn.de oder www.yahoo.de oben die zur Bildersuche wechseln, dann z.B. Bilder wie Urlaub oder Thailand oder Skifahren suchen.

➢ Geeignete Bilder öffnen und per rechter Maustaste kopieren und im Corel einfügen, ebenfalls mit rechter Maustaste oder dem Symbol.

↳ Wenn Sie die Bilder auf Ihrer Festplatte zwischenspeichern, könnten Sie diese mit Importieren, Connect oder aus dem Windows Explorer in die Zeichnung ziehen.

➢ Passen Sie die Größe an die Spaltenbreite an und **Schieben** Sie die Bilder in die durch die Hilfslinien vorgegebenen Spalten.

↳ Die Größe von Bildern immer nur an den **Eckpunkten** verändern, weil sonst das Größenverhältnis verzerrt würde. Im Fall des Falles gleich rückgängig oder Bild neu importieren.

Anordnung der Beispielbilder:

Suchen Sie nicht die abg. Beispiel-Fotos, sondern ähnliche von Connect oder aus dem Internet.

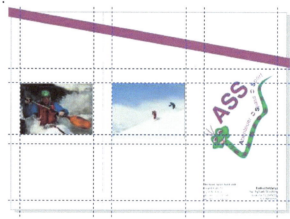

20.2 Bilder schneiden

Falls Sie bei einem Bild **Randbereiche wegschneiden** wollen, geht dies mit dem Formwerkzeug. Zur Veranschaulichung:

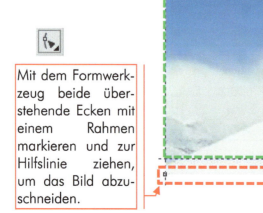

Mit dem Formwerkzeug beide überstehende Ecken mit einem Rahmen markieren und zur Hilfslinie ziehen, um das Bild abzuschneiden.

Bild auf die gewünschte Größe anpassen und überstehende Seiten abschneiden.

Mit Beschneiden auch möglich, dann den verbleibenden Bildbereich markieren und mit Return bestätigen.

20.3 Mengentext einfügen

> ➢ Ziehen Sie über dem ersten Bild noch eine Hilfslinie, damit alle Mengentextrahmen auf der gleichen Höhe angeordnet werden, dann dort

Bade- und Erlebnisurlaub

einen **Mengentextrahmen** über die Spalte setzen, die Überschrift schreiben und Text zentrieren.

Mengentextrahmen können wie Rechtecke an den Anfasserpunkten in der Größe geändert oder verschoben werden.

Unser Bade- und Erlebnisurlaub verbindet das Angenehme und Entspannende mit einigem Nervenkitzel.
Sie können die schönen Strände um die thailändische Südküste bequem vom Badetuch aus erleben oder unter Wasser die vielfältige Korallen und Pflanzenwelt bestaunen oder über Wasser mit dem Surfbrett dahingleiten.

Ein Mengentextrahmen für den normalen Text. Diesen mit 12 pt und Blocksatz einstellen.

Zwischen Absätzen macht sich ein **Absatzabstand** positiv bemerkbar. Wie dieser eingestellt wird, sehen Sie im Folgenden.

20.4 Text formatieren und Silbentrennung

Mengentext können Sie ähnlich wie Grafiktext formatieren, nur dass beim Mengentext alle Einstellmöglichkeiten eines guten Textprogramms vorhanden sind. Die meisten Einstellungen finden Sie in der Eigenschaftsleiste.

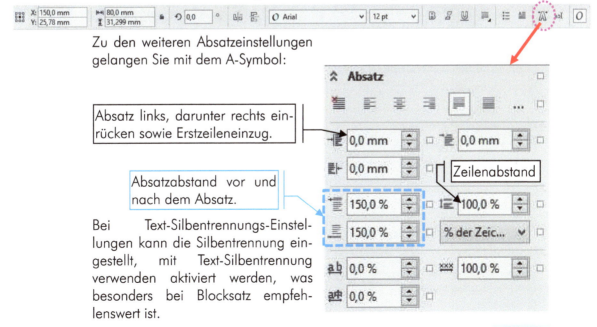

Zu den weiteren Absatzeinstellungen gelangen Sie mit dem A-Symbol:

Absatz links, darunter rechts einrücken sowie Erstzeileneinzug.

Absatzabstand vor und nach dem Absatz.

Zeilenabstand

Bei Text-Silbentrennungs-Einstellungen kann die Silbentrennung eingestellt, mit Text-Silbentrennung verwenden aktiviert werden, was besonders bei Blocksatz empfehlenswert ist.

121

20.5 Seite ergänzen

Die Rückseite wird wie die erste Seite mit Text und Bildern gefüllt, wobei wir eine ganz normale weitere Seite einfügen und später in zwei Etappen drucken: zuerst die Vorderseite, Papier umdrehen und dann die Rückseite, sofern der Drucker nicht automatisch beidseitig drucken kann (duplex).

Ganz links unten können Sie (leere) Seiten ergänzen:

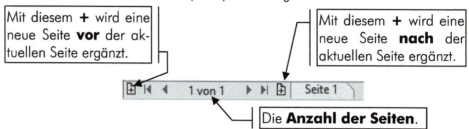

> ➤ Ergänzen Sie eine **weitere Seite**. Unten im Seitenmenü können Sie anschließend die Seiten wechseln:

> ➤ Kopieren Sie die obere **Linie** auf die Rückseite und spiegeln Sie diese.

> ➤ Weitere Fotos aus dem Internet oder von Connect einfügen, dann **Text** wie abgebildet ergänzen, natürlich zu Ihren Bilder passend.

So sollten diese beiden Seiten werden (suchen Sie passende Fotos):

Der Traum vom Fliegen

Gehen Sie in die Luft!
Ob mit dem Gleitschirm, Fallschirm, oder als Passagier im Gleit- oder Fallschirm, bei einer Gleitschirm-Safari, mit dem Heißluftballon, beim Bungeejumping oder Bodyflying.

Raus in die Natur

Mit dem Pferd unterwegs oder mit dem Motorschlitten in Kanada, Deutschland, Österreich, Italien, Frankreich, USA etc.
Klettern, Abenteuercamps, Spelunking (Höhlenforschen) usw.

Die Schriftgröße, -art usw. immer wieder neu einstellen? Vorerst einen eingestellten Textrahmen kopieren, dann den Text überschreiben oder mit Bearbeiten-„Eigenschaften kopieren von…" die Texteinstellungen übernehmen.

Wie in einem guten Textverarbeitungsprogramm können wir die Texteinstellungen in einem **Stil** speichern und dann beliebig oft anderen Absätzen zuweisen. Das wird im Fortschrittsband zu Corel vorgestellt.

20.6 Bilder bearbeiten

Im **CorelDRAW** können Sie bei einem eingefügten Bild mit dem Formwerkzeug die **Ränder abschneiden**, dabei zwei Eckpunkte mit einem Auswahlrahmen markieren, damit nicht schief abgeschnitten wird.

Bei **Effekte-Anpassen** finden Sie Befehle, um die Helligkeit usw. anzupassen sowie bei **Bitmaps** fast alle Möglichkeiten aus Corel Photo-Paint. In unserem Buch zu **Corel PHOTO-PAINT** finden Sie eine Beschreibung dieser zahlreichen Effekte für Fotos. Wenn Sie auf einem Bild die rechte Maustaste drücken und Bitmap bearbeiten wählen, wird PHOTO-PAINT gestartet.

Photo-Paint

Die wichtigen Symbole der Eigenschaftsleiste für Fotos:

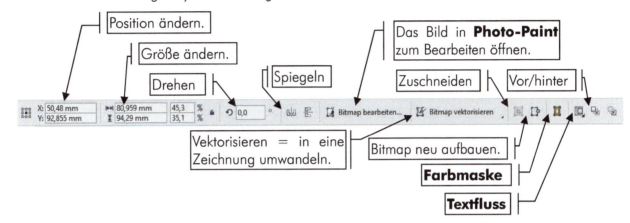

- ◆ **Drehen**: auch Bilder können gedreht werden, was übrigens auch mit der Maus wie bei jedem anderen Element möglich ist.
- ◆ **PHOTO-PAINT** ist das Programm für Fotos. Alle Bilder (Fotos) im Computer sind sogenannte Pixel-Bilder. Darum ist die Bearbeitung ganz anders als im CorelDRAW, so dass ein separates Programm verwendet wird. Mehr zu Corel PHOTO-PAINT in unserem Buch hierzu.
- ◆ **Vektorisieren**: hiermit können Pixel-Bilder in Vektor-Zeichnungen umgewandelt werden, also Fotos in Grafiken, was jedoch meist keine Ergebnisse liefert, die zur Weiterbearbeitung geeignet wären, da zu viele Linien und Wendepunkte entstehen.

Im Menü Bitmaps:

- ◆ **Neu aufbauen**: ein Menü erscheint, in dem Sie die Größe oder Auflösung (=Anzahl der Pixel = dpi = dots per inch) eines Fotos reduzieren können, womit neben der Dateigröße natürlich auch die Qualität (Schärfe) abnimmt. Auch im Menü Bitmaps zu finden.
- ◆ **Bitmap-Farbmaske**: in dem erscheinenden Andockfenster können Sie mit der Pipette Farben aus dem Bild aufnehmen, die anschließend ausgeblendet werden.

Transparent

  - ⮡ Das ist praktisch, um z.B. einen weitgehend einfarbigen Hintergrund auszublenden.
  - ⮡ Der umgekehrte Weg, dass die aufgenommenen Farben sichtbar bleiben, ist auch möglich.
- ◆ **Rechte Maustaste-Mengentext umbrechen**: Sie können hier für Grafikelemente oder Fotos auswählen, ob der Text daran außen herum laufen soll oder darüber weiterläuft (=kein Textfluss), z.B. um das Bild als Hintergrund zu verwenden.

123

Fünfter Teil

Effekte

für Text und Extrudieren

Symbole anders angeordnet?
Fenster-Arbeitsbereich-
Klassisch

21. Effekte für Text

Um eine bessere Übersichtlichkeit zu erreichen, beginnen wir mit den Effekten, die hauptsächlich für Text geeignet sind. Weitere Effekte folgen in dem Fortschrittsband.

> **Kopieren** Sie bei den folgenden Übungen jeden Beispieltext ein paar Mal, damit Sie genügend Material zum Ausprobieren haben!

Die meisten Effekte finden Sie als sogenannte **interaktive Menüs** links in der Hilfsmittelpalette:

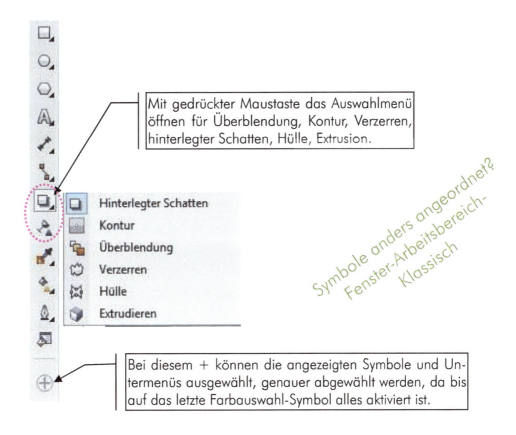

Mit gedrückter Maustaste das Auswahlmenü öffnen für Überblendung, Kontur, Verzerren, hinterlegter Schatten, Hülle, Extrusion.

Hinterlegter Schatten
Kontur
Überblendung
Verzerren
Hülle
Extrudieren

Symbole anders angeordnet? Fenster-Arbeitsbereich-Klassisch

Bei diesem + können die angezeigten Symbole und Untermenüs ausgewählt, genauer abgewählt werden, da bis auf das letzte Farbauswahl-Symbol alles aktiviert ist.

> Transparenz-Effekte sind nun nicht mehr in diesem Effekte-Menü, sondern darunter bei dem schrägen Wein-Glas direkt in der Hilfsmittelpalette.

LINDEMANN GROUP © DIPL.-ING. (FH) PETER SCHIEßL

Bei diesen interaktiven Menüs können Sie die Einstellungen in der Eigenschaftsleiste oder mit der gedrückter Maustaste vorgeben.

Die alte Methode mittels eines Befehls bei **Effekte** ist jedoch für den Anfang zumindest übersichtlicher, da ein Menü geöffnet wird, in dem die Einstellmöglichkeiten klar erkennbar sind.

Wir beginnen darum mit dem **Menü Effekte**, die interaktiven Befehle werden im Fortschrittsband beschrieben, können jedoch auch, wenn die Funktionsweise der Effekte bekannt ist, ohne Anleitung angewendet werden.

Ein Beispiel für die interaktiven Effekte und deren Anwendung finden Sie im Kapitel 15 Interaktive Menüs ab Seite 89.

21.1 Buchstaben verschieben

Der leichteste Effekt: Buchstaben können (nur bei Grafiktext) beliebig positioniert werden.

> Schreiben Sie als Grafiktext Hallo!

> **Formwerkzeug** wählen und Buchstaben an den Anfasserpunkten verschieben.

Text mit dem Formwerkzeug auseinanderziehen:

21.2 Perspektive hinzufügen

➢ Schreiben Sie den **Text** als Grafiktext.

➢ Wählen Sie: **Effekte-Perspektive hinzufügen**.

 | Corel wechselt automatisch zu dem **Formwerkzeug,** so dass nun an den Eckpunkten eine Perspektive eingestellt werden kann.

Beachten Sie den **Fluchtpunkt**, der ebenfalls mit der Maus verschoben werden kann. In diesen Fluchtpunkt laufen die beiden Linien der Perspektive zusammen.

Mit **Effekte-Perspektive aufheben** können Sie diese jederzeit entfernen.

21.3 Die Hülle

➢ Schreiben Sie „**Trompete**" und öffnen Sie **Effekte-Hülle**.

➢ Zuerst „**Neu hinzufügen**" drücken, dann an den **Anfassern** die Hülle verändern.

      ✎ Hinweis: wenn Sie die Wendepunkte in der Mitte löschen, geht es einfacher.

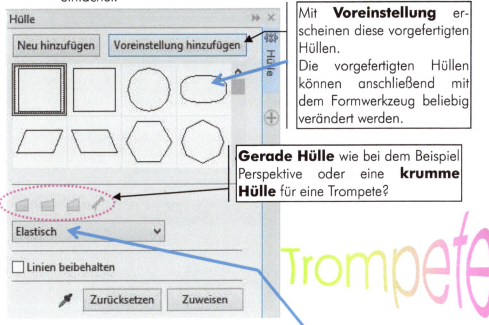

Mit **Voreinstellung** erscheinen diese vorgefertigten Hüllen.
Die vorgefertigten Hüllen können anschließend mit dem Formwerkzeug beliebig verändert werden.

Gerade Hülle wie bei dem Beispiel Perspektive oder eine **krumme Hülle** für eine Trompete?

Eine weitere Einstellmöglichkeit gibt es noch, statt **elastisch** können Sie umschalten zu:

Horizontal: der Text wird in der Horizontalen an die Hülle angepasst. Meistens unleserliches Ergebnis.		**Original**: die Form wird halbwegs beibehalten.		**Vertikal**: der Text wird vertikal an die Hülle angepasst.	

129

21.4 Objekt-Kontur

Hier können wir verschiedenfarbige Stufen um das Objekt herum oder innerhalb dessen erzeugen. Am Beispiel wird dies deutlich.

➢ Neuen Beispieltext markieren, dann **Effekte-Kontur:**

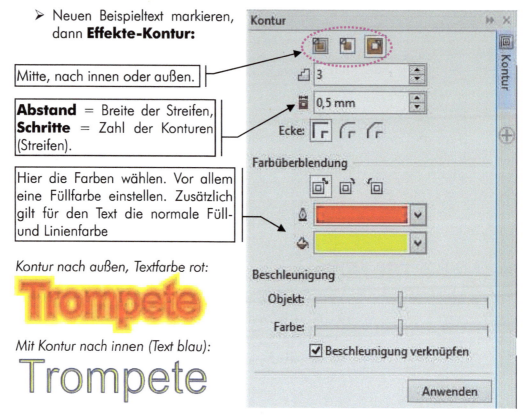

Mitte, nach innen oder außen.

Abstand = Breite der Streifen, **Schritte** = Zahl der Konturen (Streifen).

Hier die Farben wählen. Vor allem eine Füllfarbe einstellen. Zusätzlich gilt für den Text die normale Füll- und Linienfarbe

Kontur nach außen, Textfarbe rot:

Mit Kontur nach innen (Text blau):

♦ **Zur Mitte**: es werden so viele Konturen (Schritte) erzeugt, wie mit der angegebenen Breite (Abstand) hinein passen. Darum kann die Anzahl der Schritte nicht gewählt werden, sondern nur die Breite.

♦ Viele Schritte mit kleinem Abstand führen zu weichen Farbverläufen.

➢ Beginnen Sie mit einer Kontur nach außen, um die Wirkung zu sehen.

Die Farben:

> Die Farben der Konturstreifen wandern von der Füllfarbe des Objek-
> tes zu der gewählten Füllfarbe im Kontur-Menü. Die Füllfarbe des
> Objektes wie üblich mit der linken Maustaste rechts aus der Farbpa-
> lette aufnehmen. Gleiches gilt für die Linienfarbe, die von der Objekt-
> Linienfarbe (mit rechter Maustaste aus der Farbpalette aufnehmen) zur
> Kontur-Linienfarbe wandert. Ist die Objekt-Linienfarbe abgeschaltet,
> wird auch keine Kontur-Linienfarbe angezeigt.

Mögliche Probleme:

♦ Konturen nach innen gehen scheinbar nicht, wenn der Abstand zu groß eingestellt ist! Auch eine zu dicke Linie macht die Füllfarbe unkenntlich.

    ↳ Ggf. mit einer Kontur nach außen beginnen, um die Breite der Strei-fen erkennen zu können, dann nach innen probieren.

    ↳ Möglichst stark vergrößern, um die Wirkung zu sehen, vor allem bei einer Kontur nach innen.

22. Extrudieren

Endlich! Der klassische Effekt. Wir gehen der Reihe nach alle Einstellmöglichkeiten durch.

> ➢ Schreiben Sie den Beispieltext **EX**, sehr große Schrift einstellen.
> ➢ Kopieren Sie diesen Text zum Probieren mehrmals, dann einen Text markieren und **Effekte-Extrudieren** wählen.

22.1 Die Tiefe der Extrusion

Die Einstellmöglichkeiten sind auf Karteikarten aufgeteilt. Die **Tiefe**:

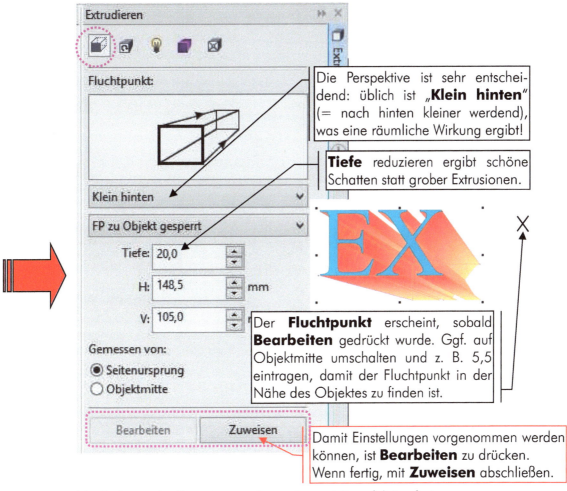

Die Perspektive ist sehr entscheidend: üblich ist „**Klein hinten**" (= nach hinten kleiner werdend), was eine räumliche Wirkung ergibt!

Tiefe reduzieren ergibt schöne Schatten statt grober Extrusionen.

Der **Fluchtpunkt** erscheint, sobald **Bearbeiten** gedrückt wurde. Ggf. auf Objektmitte umschalten und z. B. 5,5 eintragen, damit der Fluchtpunkt in der Nähe des Objektes zu finden ist.

Damit Einstellungen vorgenommen werden können, ist **Bearbeiten** zu drücken. Wenn fertig, mit **Zuweisen** abschließen.

Mit Farbe ist die Extrusion erst besonders schön – folgt sofort.

131

22.2 Die Farbe

Es geht gleich zu der Karteikarte für die Farben, da Extrusionen nur mit Farben richtig schön werden.

♦ Zusätzlich kann direkt aus der Farbpalette mit der linken Maustaste die erste Farbe (=**Füllfarbe**) und mit der rechten Taste die **Linienfarbe** für das Objekt gewählt werden.

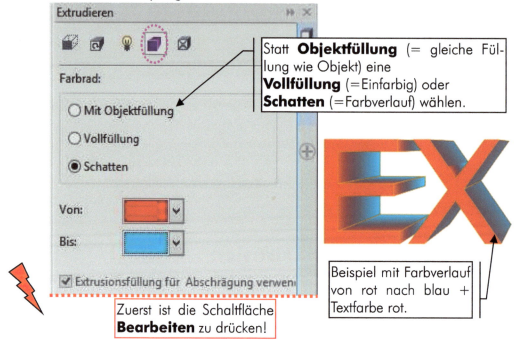

Statt **Objektfüllung** (= gleiche Füllung wie Objekt) eine **Vollfüllung** (=Einfarbig) oder **Schatten** (=Farbverlauf) wählen.

Beispiel mit Farbverlauf von rot nach blau + Textfarbe rot.

Zuerst ist die Schaltfläche **Bearbeiten** zu drücken!

22.3 Die Drehung

Auf der zweiten Karteikarte können Objekte beliebig gedreht werden.

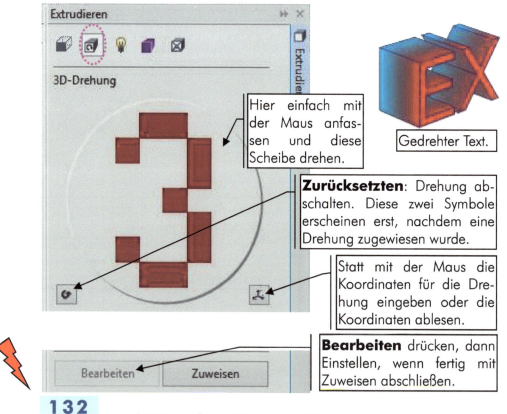

Hier einfach mit der Maus anfassen und diese Scheibe drehen.

Gedrehter Text.

Zurücksetzten: Drehung abschalten. Diese zwei Symbole erscheinen erst, nachdem eine Drehung zugewiesen wurde.

Statt mit der Maus die Koordinaten für die Drehung eingeben oder die Koordinaten ablesen.

Bearbeiten drücken, dann Einstellen, wenn fertig mit Zuweisen abschließen.

132

22.4 Licht und Schatten

Bei wirklichen Gegenständen gibt es immer Licht und Schatten. Dafür können wir im Corel bis zu drei **Lampen** setzen, die unser Objekt nicht nur beleuchten, sondern auch die Schattenseiten erzeugen. Jede dieser Lampe kann in der Leuchtkraft reguliert werden.

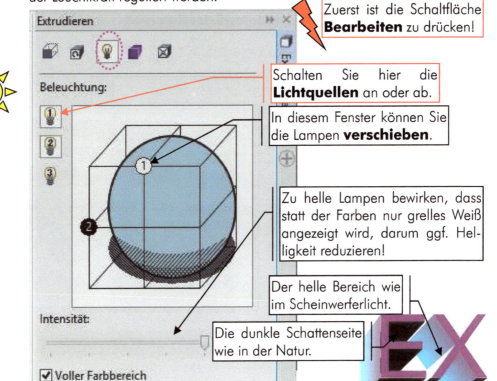

Zuerst ist die Schaltfläche **Bearbeiten** zu drücken!

Schalten Sie hier die **Lichtquellen** an oder ab.

In diesem Fenster können Sie die Lampen **verschieben**.

Zu helle Lampen bewirken, dass statt der Farben nur grelles Weiß angezeigt wird, darum ggf. Helligkeit reduzieren!

Der helle Bereich wie im Scheinwerferlicht.

Die dunkle Schattenseite wie in der Natur.

22.5 Abschrägen

Hier können scharfe Kanten durch abgeschrägte Flächen ersetzt werden, was bei allen natürlichen Gegenständen der Fall ist, so dass die Objekte noch realitätsgetreuer werden.

Für kleine Objekte eine kleine Schräge zwischen 0,1 und 1 mm. Leider erhält die extrudierte Fläche (hinten) keine Abschrägung.

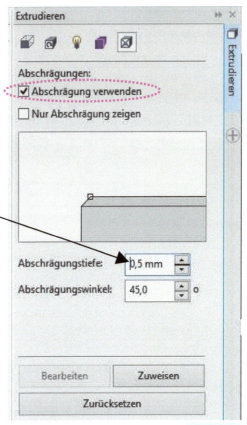

Bearbeiten und **Zuweisen** ist immer zu drücken.

133

22.6 Ein Titelblatt

Letzte Übung, eine Kleinigkeit: Ein Titelblatt für ein Buch.

> Schreiben Sie **jede Textzeile separat**, dann mit Hilfslinien links und rechts ausrichten.

> Anschließend erste Zeile extrudieren, nächste Zeile markieren und mit **Effekte-Effekt klonen-Extrusion von** die Extrusion der ersten Zeile übernehmen. Durch Klonen werden Änderungen des Originals automatisch auf die Kopien übertragen.

Den Kreis extrudieren, dabei den **Fluchtpunkt** mit der Maus nach außen schieben.

Ein weißes Rechteck darüber legen, um den Überstand zu verbergen.

Text mit **Hülle** an die Trompete anpassen

Rechteck hinter Text setzen, **Eckenrundung** in der Eigenschaftsleiste und im Linienmenü eine dicke, gestrichelte Linie einstellen.

Diesen Text separat schreiben, damit eine **eigene Hülle** wie abgebildet eingestellt werden kann.

> Erst ganz am Schluss ein **Rechteck** über die ganze Seite ziehen, dem die Farbverlaufsfüllung zugewiesen wird. Abschließend dieses Rechteck nach hinten setzen.

22.7 Abschlussübung Extrudieren

Probieren Sie folgendes:

➢ Zuerst **Papierformat** geeignet einstellen (wie groß soll es später ausgedruckt werden?), dann die beiden **Texte** schreiben,

➢ drehen und **2015** extrudieren.

➢ Wenn die Extrusion stimmt, den anderen Text markieren und **Effekte-
Effekt kopieren-Extrusion...,** dann die extrudierte Fläche anklicken.

    ✎ Damit hat der andere Text die gleiche Extrusion, ggf. die Tiefe der
Extrusion reduzieren, da die Schriftart kleiner ist.

➢ Abschließend ein Rechteck so groß wie die Seite zeichnen, mit konischer oder radialer **Farbverlaufsfüllung** versehen und in den Hintergrund setzen.

> Sterne mit dem
> Vieleck gezeich-
> net + hinterlegter
> Schatten, der
> versetzt wurde.

22.8 Zusammenfassung Schatten

♦ Bei der obigen Übung haben wir einen räumlichen Schatten durch eine
Extrusion erstellt.

♦ Denken Sie auch daran, dass Sie mit **Anordnen-Änderungen** eine
minimal verschobene **Kopie** erstellen können (s. S. 59).

    ✎ Wenn Sie dieser Kopie eine andere Farbe zuweisen, entsteht ein
schöner Schatten.

♦ Einen verlaufenden Schatten können Sie mit dem Effekt „**hinterlegter
Schatten**" erstellen, der auf Seite 86 beschrieben wurde.

♦ Selbstverständlich könnte auch der Effekt **Kontur** verwendet werden,
um einen weich verlaufenden Schatten zu erzeugen.

Notizen: ....

....

....

23. Stichwortverzeichnis

V

W

Z

LINDEMANN GROUP © DIPL.-ING. (FH) PETER SCHIEßL

24. Übersicht

Grundlagen:

➲ In Ordner + Unterordner aufgeräumt speichern und regelmäßig **sichern**!

➲ Die wichtigen Programme:
- **Draw** (cdr): Vektor = Linien, Formeln, für Präsentationen, Titelblätter, Werbeanzeigen usw., Kombination aus Bildern, Grafiken und Text.
- **PHOTO-PAINT** (cpt): Pixel = Punkte für Fotos und Bildbearbeitung.
- Weitere: **Font Navigator** (Schriftenverwaltung), **Capture** (Fotos vom Bildschirm erstellen), **Connect** zur Anzeige von ClipArts usw.

Grundaufbau:

➲ Befehle - Symbole – Eigenschaftsleiste - Hilfsmittelpalette,

➲ Lineale - Bildlaufleisten - Farbpalette,

➲ Andock-Fenster für Zusatzfunktionen, z.B. Änderung, Effekte usw.

➲ **[Strg]-z**: Rückgängig,
- **Löschen**: markieren + [Entf]-Taste.

Zeichnen:

➲ Wichtig: Linie, Rechteck, Ellipse, Vielecke, Formen und Auswahlwerkzeug.

➲ Linien- und Füllungseinstellungen.

➲ **Freihand-Linien**:
- einmal klicken: Anfangspunkt,
- noch einmal klicken: Endpunkt einer geraden Linie,
- Doppelklicken: Linie anhängen,
- mit gedrückter Maus frei zeichnen.
- Polylinie klicken zum Weiterzeichnen, Doppelklicken zum Abschließen.

➲ **Quadrat + Kreis** mit **[Strg]-Taste**.

Farben:

➲ **Farben**: markieren, Farbpalette:
- linke Maustaste für Füllfarbe,
- rechte Linienfarbe.

➲ **Farbpalette** bei Fenster-Farbpaletten wechseln.

➲ Füllhalter-Symbol für **Linien**.

➲ Farbeimer für **Füllungen**.

Text:

➲ **Textwerkzeug A**:
- klicken und schreiben für Grafiktext,
- Rahmen ziehen für Mengentext.

➲ **Sonderzeichen**: Text-Zeichen einfügen oder [Strg]-F11.

➲ Die **Blitzkorrektur** ersetzt automatisch z.B. 1/2 durch ½.

➲ **Text-An Strecke ausrichten**: Text um ein Objekt herum schreiben.

➲ **Stile**: rechte Maustaste, Stile-Stileigenschaften speichern oder Stil zuweisen.

Umformen:

➲ **Kopieren**: Objekt verschieben, dabei rechte Maustaste kurz klicken.

➲ **Größe ändern**: anklicken und an den Anfasserpunkten ziehen.
- **Drehen**: noch einmal anklicken, die Drehpfeile erscheinen.
- Anordnen-**Änderungen**: Objekte im Menü präzise ändern bzgl. Größe, Lage, Spiegeln, Drehen usw.

➲ Anordnen-**Ausrichten und Verteilen**: Objekte z.B. auf die Seitenmitte anordnen.

Einrichten:

⮑ **Layout-Seite einrichten**.

⮑ **Gitter, Zeichenmaßstab**:
- auf Lineal Doppelklicken oder darauf rechte Maustaste-Gitter einrichten.
- Gitterweite mit „Millimeter entfernt" vorgeben und „An Gitter ausrichten" einschalten.

⮑ **Hilfslinien**:
- vom Lineal in die Zeichnung ziehen oder im Menü setzten (rechte Maustaste auf Lineal).
- ist das Gitter aktiviert, werden auch die Hilfslinien der Gitterweite entsprechend gesetzt.
- Hilfslinien löschen: anklicken, dann [Entf]-Taste drücken.
- Hilfslinien einstellen: mit der Maus verschieben oder auf Hilfslinie Doppelklicken: Menü erscheint.

Vergrößern:

⮑ **Zoom**: Lupe wählen:
- F4 oder linke Maustaste vergrößert,
- F3 oder rechte verkleinert,
- oder in der Eigenschaftsleiste.

Markieren:

⮑ Bei gedrückter **[Umschalt]-Taste** mehrere Objekte **markieren**
- oder Markierungsrahmen ziehen
- oder **Bearbeiten-Alles auswählen...** (Objekte, Text oder Hilfslinien)
- Meldung unten in der Statuszeile beachten! `3 Objekte markiert auf Ebene 1`

⮑ Nach vorn/hinten setzen geht bei Anordnen, in der Eigenschaftsleiste oder mit der rechten Maustaste.

Gruppieren, Kombinieren, Knoten:

⮑ Anordnen-**Gruppieren** fasst Objekte zu einer Gruppe zusammen.

⮑ Anordnen-**Kombinieren** ermöglicht es, zusammengesetzte Objekte auszufüllen.

⮑ **Formwerkzeug**, um aus Linien **Kurven** oder aus einem Kreis ein Kreissegment zu machen oder offene Punkte zu verbinden oder Kurven umzuformen.

Bilder einfügen:

⮑ **Windows Explorer** öffnen,
- Ordner mit den Bildern wählen,
- mit der Maus in die Corel-Zeichnung hinüberziehen,
- oder aus Connect einfügen,

⮑ mit der Maus **verschieben** und Größe anpassen,
- Helligkeit einstellen oder Effekte zuweisen bei **Effekte-Anpassen** oder **Bitmaps**,
- mit dem **Formwerkzeug** Ränder abschneiden.

⮑ **Exportieren**: Zeichnung oder nur markierte Teile in einem anderen Format speichern.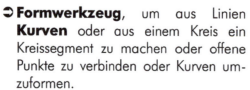

Allgemeine Shortcuts:

[F1]	Hilfe
[Strg]-z	Rückgängig
[Strg]-p	Drucken
[Strg]-x	Ausschneiden
[Strg]-c	Kopieren
[Strg]-v	Einfügen

CorelDRAW-Shortcuts:

[Strg]-y	An Gitter ausrichten ein/aus
[Strg]-a	Alles markieren
[Strg]-g	Gruppieren
[Strg]-u	Gruppierung aufheben
[Strg]-L	Kombinieren
[Strg]-K	Kombination aufheben
[Umschalt]-[Bild nach oben/unten]	Markiertes Objekt nach vorn/hinten setzen
[Strg]-t	Text formatieren.
[Strg]-F11	Symbole einfügen

Ansicht einstellen:

[F3]	Ansicht verkleinern
[F4]	Zoom auf markierte Objekte
[F9]	Ganzseitenvorschau, (zurück mit [Esc])

142